GOLF
CONDITIONING

골프 컨디셔닝

골프티칭, 골프웨이트, 골프필라테스

신준수, 백선경, 오은택, 이상욱, 박형섭 저

CONTENTS

GOLF CONDITIONING
Golf & Pilates & Weight Training

이 책의 구성과 특징 6

Introduction 8

제 1장
골프를 위한 트레이닝의 필요성
01 골프의 스윙 12
02 골프의 웨이트 트레이닝 13
03 골프의 필라테스 트레이닝 14

제 2장
골프 스윙의 기술적 트레이닝 방법
01 어드레스의 안정성 18
   어드레스의 안정성을 위한 웜업 20
   어드레스의 안정성을 위한 웨이트 트레이닝 22
   어드레스의 안정성을 위한 필라테스 트레이닝 24

02 백스윙의 균형성 28
   백스윙의 균형성 30
   백스윙을 위한 웨이트 트레이닝 32
   백스윙을 위한 필라테스 트레이닝 34

03 다운스윙의 폭발성 38
   다운스윙의 폭발성 40
   다운스윙을 위한 웨이트 트레이닝 42
   다운스윙을 위한 필라테스 트레이닝 44

04 임팩트의 스피드 48
   임팩트의 스피드 50
   임팩트를 위한 웨이트 트레이닝 52
   임팩트를 위한 필라테스 트레이닝 54

05 팔로우 스로우의 확장성 58
   팔로우 스로우의 확장성 60
   팔로우 스로우를 위한 웨이트 트레이닝 62
   팔로우 스로우를 위한 필라테스 트레이닝 64

06 피니시의 일정성 68
   피니시의 일정성 70
   피니시를 위한 웨이트 트레이닝 72
   피니시를 위한 필라테스 트레이닝 74

CONTENTS

제 3장
실전 라운딩 기술
- 01 아이언 샷의 힘의 원천 80
  - 아이언 샷을 위한 웨이트 트레이닝 82
  - 아이언 샷을 위한 필라테스 트레이닝 84
- 02 롱 드라이버 샷의 비밀 86
  - 롱 드라이버 샷을 위한 웨이트 트레이닝 88
  - 롱 드라이버 샷을 위한 필라테스 트레이닝 90
- 03 정확한 피칭 샷의 요령 96
  - 피칭 샷을 위한 웨이트 트레이닝 98
  - 피칭 샷을 위한 필라테스 트레이닝 100
- 04 그린에서의 집중력 102
  - 집중력을 위한 웨이트 트레이닝 104
  - 집중력을 위한 필라테스 트레이닝 106

제 4장
골프 스윙을 위한 스페셜 트레이닝
- 01 필라테스를 통한 유연성 향상 프로그램 110
- 02 필라테스를 통한 스탠스, 코어 향상 프로그램 111
- 03 웨이트를 통한 스탠스, 코어 향상 프로그램 112
- 04 필라테스를 통한 로테이션 프로그램 113
- 05 필라테스를 통한 어깨 턴 향상 프로그램 114
- 06 웨이트를 통한 힙 턴 향상 프로그램 115
- 07 필라테스를 통한 중심이동 향상 프로그램 116
- 08 웨이트를 통한 중심이동 향상 프로그램 117

제 5장
골프 트레이닝 완성 프로그램 (1주, 4주, 8주)
- 01 웨이트 트레이닝 프로그램 120
- 02 필라테스 트레이닝 프로그램 123

제 6장
집안에서 할 수 있는 특별한 재활 프로그램
- 01 필라테스를 통한 재활 프로그램 128
- 02 간단한 소품을 이용한 골프 스윙의 효과적 연습 방법 130

제 7장
골프 실력을 향상시켜주는 음식섭취 및 필라테스 부분 동작들 132

부록
골프 규칙 166

GUIDE 이 책의 구성과 특징

1. 신체 각 부위별 골프에 필요한 필라테스와 웜업, 웨이트 트레이닝 운동 방법의 가이드를 소개했습니다.

2. 웜업의 운동방법을 소개했습니다.

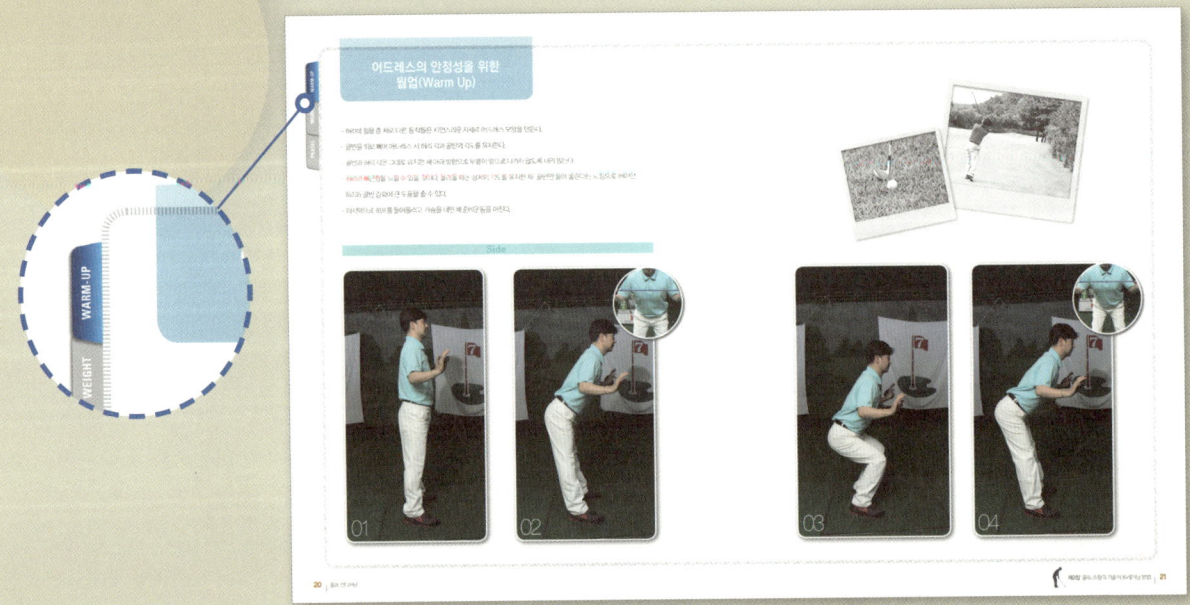

3. 웨이트 트레이닝 운동방법을 소개했습니다.

4. 필라테스의 운동방법을 소개했습니다.

Introduction

대부분 많은 아마추어 골퍼와 프로 골퍼들은 골프 스윙에 모든 에너지를 쏟는 경향이 있다.

골프에 있어 반복적인 동작연습은 중요한 부분이지만, 그로 인한 신체의 불균형과 상해를 골퍼라면 누구나 한번쯤은 경험하였을 것이다.

골프를 안전하고 건강하게, 그리고 재미있게 칠 수 있는 것이 골퍼의 희망사항이라면, 어느 부분을 보강하는 것이 좋을까 하는 생각을 하면서 골프 트레이닝의 회복과 치료적인 요소를 가진 필라테스와 체력적인 기능 강화를 위한 웨이트 트레이닝을 더해 골프 트레이닝 방법의 중요성에 비중을 두고 책의 접근을 시도하였다.

골프는 다양한 정보를 통한 지식 습득과 레슨으로 이루어지는 반복 연습임에도 불구하고 발전의 폭이 그리 크지 않은 개인적인 운동이다. 또한 필드에서의 심리적인 영향, 체력적인 영향, 영양학적인 영향, 컨디션 등에 따라 골프의 기술과 성적이 다르게 나올 수 있는 다변적인 운동이다.

따라서 적절하고 체계적인 골프에 맞는 신체운동을 함으로써 기술과 레슨을 받아들일 수 있는 최적의 몸 상태를 만드는 일이 골프 트레이닝의 방법에 있어서 무엇보다 중요하다고 생각한다.

골프는 연습장에서의 오랜 연습시간과 함께 필드에서는 5시간 이상을 걸으면서 플레이하는 운동이기 때문에 골프에 필요한 신체컨디션을 지금에 와서 이슈화하는 것이 다른 종목의 트레이닝 발전에 비하면 오히려 조금 늦은 감이 있다.

따라서 경쟁심과 열정만으로 아무 준비 없이 골프 스윙에 임하기보다는 체계적인 몸 상태와 근육을 갖춰가면서 연습을 해야만 효과적으로 비거리와 스윙의 일정성 향상에 다가갈 수 있을 것이다.

세계 정상급 골프 선수가 모이는 미국 PGA 투어에서 옛날처럼 배 나온 아저씨가 시가를 물고 시상대에 올라가는 풍경은 사라졌다. 연중 계속되는 투어 스케줄과 점점 어려워지고 길어지는 코스 구성 때문에 강인한 체력을 갖추지 못한 선수는 정상에 설 수 없게 되었다.

최근 선수들의 동향은 타이거 우즈와 같은 최고의 기량을 갖춘 선수 외에도 많은 선수들이 시즌 전과 시즌 중에 웨이트 트레이닝을 쉬지 않는다. 따라서 골프장에 웨이트 트레이닝 장비가 구비된 대형 트럭이 따라다닐 정도다. '골프는 세밀한 감각을 필요로 하기 때문에 웨이트 트레이닝으로 근육량이 늘면 유연성이 나빠진다'는 잘못된 상식도 사라졌다.

골프에서 가장 중요한 것은 18홀을 도는 동안 일관된 스윙 자세를 유지할 수 있는 근지구력이다. 근육 트레이닝을 통해 경기력을 향상시키고, 허리·팔꿈치·무릎 부상을 예방하고 치유할 수 있다. 특히 몸통과 다리 근육 강화 훈련이 중요하다.

요약해보면 무수히 반복되는 연습만이 골프의 정답은 아니다. 연습을 많이 하고 공을 많이 쳐야 경기력에 보탬이 될 수 있지만, 모두에게 경제적·시간적 여유가 있는 것이 아니기에 골프를 위한 최적의 몸 상태에서 스윙을 교정한 후 연습한다면 짧은 연습시간으로 큰 효과를 얻을 수 있을 것이다. 골프 트레이닝에 관해 여러 도서들과 자료들이 많이 출간되고 있는 현 시점에서 골프 아카데미의 주니어 골퍼들과 프로 지망생, 일반 골퍼들에게까지 폭넓게 신체적인 교습서로 좋은 소장품이 될 것이라는 신념으로 골프 컨디셔닝의 책을 구성해 본다.

제1장
골프를 위한 트레이닝의 필요성

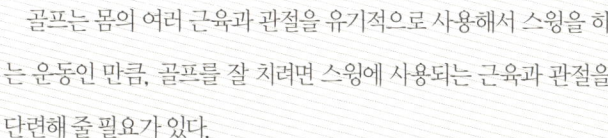

골프는 몸의 여러 근육과 관절을 유기적으로 사용해서 스윙을 하는 운동인 만큼, 골프를 잘 치려면 스윙에 사용되는 근육과 관절을 단련해 줄 필요가 있다.

우리나라 골프 인구는 현재 약 400만 명을 넘어서고 있다(대한골프협회). 스크린 골프의 대중성, 드라이빙 레인지의 증가와 인도어 연습, 그리고 휘트니스 센터의 골프 연습장들이 계속해서 양적으로 팽창하고 있다.

많은 연습장에서 연습을 하다가 혹은 라운딩 중에 실제로 많은 골퍼들이 다쳐서 병원을 찾는 경우가 종종 있다.

주말 골퍼들은 시간 부족으로 충분한 연습의 기회를 갖지 못하고 라운딩하는 경우가 많기 때문에 40-50대의 골퍼들은 엘보우, 허리 부상 등의 골프 부상을 종종 경험하곤 한다.

다치지 않고, 골프 실력도 유지해가면서 골프를 칠 수 있는 방법은 무엇일까?

골프를 제대로 즐기기 위해서는 별도의 트레이닝 과정을 반드시 거쳐야 한다고 필자는 말하고 싶다.

하지만, 기존의 방법으로 웨이트 트레이닝을 하게 되면 골프의 스윙 동작과 연결된 근육을 잘못 발달시켜 낭패를 볼 수도 있다. 웨이트 트레이닝은 파워 향상에 도움을 주지만, 골프에 직접적인 도움을 주지는 않는다. 따라서 웨이트 트레이닝을 골프 스윙에 접목한 골프 동작과 연결지어 골프에 보탬이 되도록 하는 골프 트레이닝 방법론이 꼭 필요하다.

 1. 골프의 스윙

　좋은 스윙의 가장 기본적인 조건은 스윙의 형태가 아니라 어드레스 시 척추의 기울기이다. 좋은 스윙을 만들기 위해서는 처음 시작할 때 척추의 기울기가 끝까지 흔들리지 않고 그 자리에서 회전하는 자세가 제일 중요하다.

　그러면 비거리와 안정성에 있어서 스피드, 임팩트의 정확성, 그리고 타격 각도가 보장되어 강력한 스윙을 할 수 있는 장점이 있다.

　모든 스윙의 파워는 하체와 상체의 조화로운 균형 감각에서 나온다.

　여기서 알아두어야 할 것은 상체와 하체를 조화롭게 하기 위해서는 유연한 몸놀림이 필수라는 것이다. 유연한 몸놀림은 비거리를 늘리는 데 큰 효과가 있을 뿐 만 아니라, 상해 예방까지 두루 할 수 있는 골프 스윙의 중요한 요소임에 틀림없다.

　우리의 몸 상태를 늘 유연하게 유지하고 힘을 뺀 상태에서 스윙이 이뤄져야 함을 강조하고 싶다.

　볼을 치기 전에 항상 스트레칭을 해야 하는 것은 물론, 몸의 회전을 위해서도 근육의 유연성 함양에 더욱더 신경을 쓰는 것이 골프 스윙의 필요 조건 중 하나이다.

　골프 스윙은 항상 힘차게 스윙을 한다고 해서 공이 똑바로 가거나 비거리가 늘어나는 것이 아니다. 공을 맞춰가는 타이밍이 90% 이상을 차지한다.

　클럽 헤드의 스피드, 임팩트의 정확성, 그리고 타격 시 각도가 대부분을 차지한다고 해도 과언이 아니다.

골프 스윙 연습 중에 갈비뼈를 많이 다치는 현상이 있다. 클럽을 너무 가파르게 내려치거나 과도한 힘과 손목의 힘으로 공을 치려고 해서 일어나는 부상이다.

잘못된 자세로 인한 스윙은 허리부상, 손목부상, 엘보우, 그리고 척추 등 여러 가지 부상을 유발하는데, 이러한 잘못된 자세와 부상의 예방은 충분한 스트레칭과 골프 체력기능 향상 등으로 충분히 예방할 수 있다.

근육이 충분히 준비가 되지 않은 상태에서 너무 의욕적으로 스윙에 임하거나, 추운 겨울철 운동이나 새벽 운동은 치명적인 부상을 초래할 가능성이 크다.

골프 부상 예방의 가장 기본적인 트레이닝은 윗몸 일으키기와 허리 주변의 근육과 복근, 그리고 팔굽혀펴기로 골프의 스윙과 자세에 실질적인 도움을 주는 예방법이자 치료법이다.

2. 골프의 웨이트 트레이닝

우리나라 골프 선수들이 세계무대로 진출하는 동안, 수많은 시행착오를 거듭해 오면서 체험으로 얻은 귀중한 결론은 선 체력, 후 기술의 중요성이다.

뿐만 아니라, 골퍼들의 체력과 건강의 유지 및 경기력 향상을 위해서도 과학적 트레이닝 방법이 절실히 요구되는 실정이다.

과거의 프로 골퍼들은 기술적 측면을 강조하며 웨이트 트레이닝을 멀리함으로써 스스로의 한계에 다다랐다.

저자가 처음 골프에 입문한 90년대 초반만 해도 골퍼들은 웨이트는 물론, 수영까지도 금기

시 했던 정말로 어이없는 상황들이 연출되었다. 타이거 우즈의 피니시 동작 시 팔뚝의 엄청난 근육 양을 한 번 보기 바란다.

지금의 상황은 어떠한가?

세계적인 골프 프로들은 홈 짐(Gym)과 전담 트레이너를 고용하면서까지 체력과 정신력을 강화하고 있고, 한국의 유명한 프로들도 웨이트 트레이닝에 열중하고 있는 실정이다.

정말 골프란 운동은 멘탈 트레이닝의 선두에 있지만, 집중력과 평상심 등 최적의 심리상태를 유지 관리하기 위해선 강력한 체력이 우선 시 되어야 한다는 강한 소견을 가지고 있다.

구체적으로 골프 스윙 동작별로 보강훈련의 하나인 웨이트 트레이닝의 특징들을 살펴보면서 좋은 골프 트레이닝을 하길 바란다.

 3. 골프의 필라테스 트레이닝

골프는 안정적인 심리상태와 마인드가 필요한 운동이다. 그러나 몸의 상태가 골프 게임에 최적의 상태로 움직여주지 않는다면 심리적인 위축으로 경기가 잘 풀리지 않을 것이다. 물론 경기에 앞서 충분한 연습이 이루어져야 하겠지만, 골프를 위한 유연성과 근력의 강화는 좀 더 남다른 관찰과 트레이닝이 필요하다. 본인의 몸을 이해하고 그에 맞는 운동과 연습을 한다면 실력의 향상과 함께 즐거운 골프 경기를 할 수 있을 것이다. 그러기 위한 첫 단계로 골프를 위한 필라테스를 소개하고자 한다. 골프 필라테스는 골프라는 운동경기에 필요한 근육군의 움직임에 초점을 맞추어 유연성과 근력 향상을 준비하는 것이며, 이 책에 소개되어 있는 동작들을 단계별로 익히고 꾸준히 연습한다면 눈에 띄게 골프 실력이 향상될 것이다. 우선 소개된 다음의 필라테스의 기본 원리를 골프 스윙의 원리로써 이해하도록 하자.

호흡 (어드레스)	올바른 호흡은 운동 중 당신의 움직임을 통제하고 조절하는데 도움을 준다. 호흡은 흉곽호흡을 하며, 코로 호흡을 들여 마실 때 흉곽이 옆과 뒤로 넓어지고 입으로 호흡을 내쉴 때에는 코르셋을 조이듯 흉곽과 복근을 안으로 당긴다. 이 호흡으로 인해 당신은 동작을 취하면서도 호흡을 할 수 있고, 몸의 중심인 코어에도 힘이 생기게 된다.
집중과 조절 (테이크 어웨이)	동작을 수행할 때에는 마음을 집중한다. 이것은 정신을 통제하면서 동작을 의식적으로 수행하고, 동작을 수행할 때 바른 자세로 정확하게 움직이고 있는지 집중하라는 것이다. 또한 운동 시 상해를 예방하기 위해선 최대한 자신을 조절하면서 운동해야 한다. 따라서 집중한 상태에서 몸 전체를 균형감 있게 조절하는 것이 골프 필라테스의 핵심이다.
중심 (백 스윙& 다운 스윙)	당신이 사용하는 모든 힘이 나오는 곳이며, 척추를 중심으로 흉곽과 골반사이 많은 근육이 그 주위를 둘러싸고 보호하는 이 곳을 파워 하우스인 코어라 한다. 필라테스 동작을 통해 당신은 신체의 중앙을 강화시켜 스윙에 더 큰 힘을 실어주게 되며, '코어'는 활성화 될 것이다.
유연성 (다운 스윙)	필라테스는 개별적인 동작없이 흘러가는 하나의 움직임으로 동작을 수행한다. 밸런스와 균형 감각이 요구되는 연속된 움직임은 뼈와 근육이 효과적으로 협응하도록 하며 신체의 에너지 흐름을 조화롭게 한다. 또한 세밀한 동작 연습을 통해 리듬감을 느끼게 되어 갑작스러운 동작으로 인한 부상을 예방한다.
정확성 (팔로우)	골프 필라테스의 동작들은 각각 고유한 가치가 있는 동작들이며, 각각의 동작은 전체 동작을 성공시키기 위해 매우 중요하다. 따라서 동작 수행에 있어서 정확성은 필수 요소이며, 이는 바른 자세를 만들고 올바르게 신체를 움직이기 위해 반드시 필요한 것이다. 올바르지 않은 방법으로 여러 번 수행하기보다는 한 번의 정확한 신체 움직임을 통해 올바른 운동 습관을 기르고, 긍정적이고 건강한 신체를 만들도록 한다.
상상 (피니시)	수행하게 될 동작을 미리 상상하고 움직임을 수행하게 되면, 훨씬 원활한 동작을 얻을 수 있다. 상상(이미지화)의 연습은 자세에 대한 정렬과 기능적인 움직임의 적응력을 높이고, 동작으로 얻을 수 있는 효과 뿐만 아니라 상상하고 느낄수 있는 능력을 키워준다. 상상하며 수행되는 골프 필라테스는 움직임의 질과 효과를 높여 줄 것이다.

제2장
골프 스윙의 기술적 트레이닝 방법

　　골프를 하는 사람이라면 누구나 어떤 날은 기가 막히게 스윙이 잘 되고, 또 어떤 날은 스윙이 망가져서 갑자기 안 되기 시작하는 현상을 겪어 당혹스러웠을 것이다.

　　이러한 편차가 생기는 이유를 필자는 몸의 균형성과 안정성이 안 좋은 컨디션으로 인해 흐트러졌기 때문이라고 생각한다.

　　골프 게임에 있어 일관성 있는 몸의 컨디션과 스코어를 위해 스윙의 근본적인 교정도 중요하지만 그것을 받아들이려는 몸의 상태 또한 중요하고 늘 반복적인 트레이닝과 치료만이 좋은 골퍼로서 안정적인 상태를 유지할 수 있는 방법이다.

　　다음 장에 소개될 스윙의 부분적인 신체동작을 위한 웨이트와 필라테스 트레이닝 방법을 살펴보기로 하자.

1 어드레스의 안정성

굿모닝 엑서사이즈 _P22

스쿼트 _P23

카프레이즈 _P23

자연스런 스윙을 위해서는 인체의 근육들을 잘 조화시켜서 근육의 적절한 긴장 상태를 유지시켜야 한다. 상체는 약간 안쪽으로 기울인 상태지만, 등은 굽히지 않은 채 유연한 자세로 반듯하게 펴져 있어야 하며, 어깨와 상완은 자연스런 스윙이 될 수 있도록 긴장을 풀고 유연한 상태가 되어야 한다. 팔은 고릴라와 같이 힘을 빼고 몸에 매달려 있듯이 자연스런 상태가 유지되어야 한다.

이렇게 함으로써 힘들이지 않은 파워 스윙이 가능해진다. 좋은 어드레스는 최대한 편안한 몸 상태를 유지하는 것이라 하겠다.

어드레스의 안정성을 위한 웜업(Warm Up)

- 허리에 힘을 준 채로 다른 동작들은 자연스러운 자세로 어드레스 모양을 만든다.
- 골반을 뒤로 빼며 어드레스 시 허리 각과 골반의 각도를 유지한다.
- 골반과 허리 각은 그대로 유지한 채 아래 방향으로 무릎이 앞으로 나가지 않도록 내려 앉는다.
- 허리의 뻐근함을 느낄 수 있을 것이다. 올라올 때는 상체의 각도를 유지한 채 골반만 들어 올린다는 느낌으로 해야만 허리와 골반 강화에 큰 도움을 줄 수 있다.
- 마지막으로 히프를 들어올리고 가슴을 내민 채 준비운동을 마친다.

Side

01

02

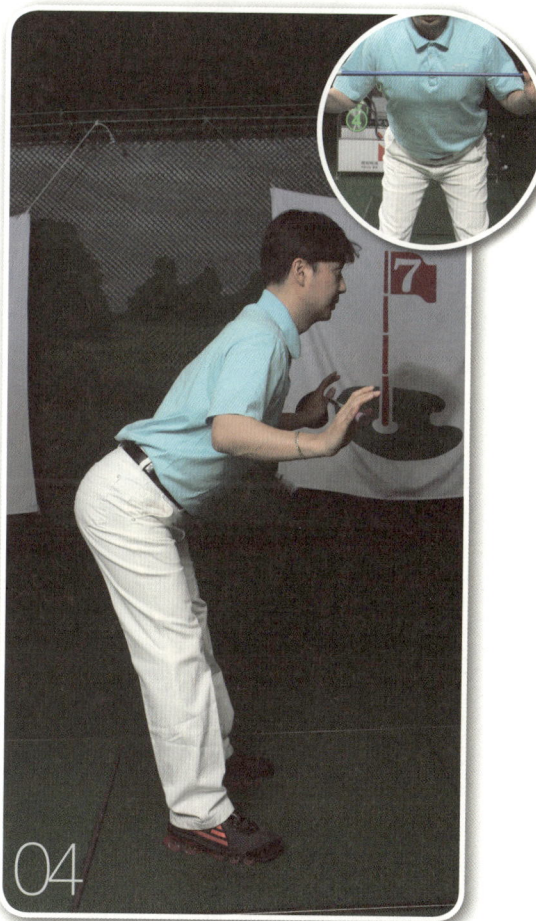

어드레스의 안정성을 위한 웨이트 트레이닝

스윙 시 인체의 하체 부분에서 최초의 힘이 생겨나게 되며, 또한 하체는 상체 뿐 아니라 팔, 손, 클럽의 모든 스윙 운동을 받쳐주기 때문에 발을 약간 무거운 느낌이 가도록 내딛어야 한다. 그러나 히프와 다리는 스프링과 같은 탄력성을 지니면서 긴장이 유지되어야 한다. - 스탠스의 안정화를 위해선 대퇴근보다는 비복근의 강화가 더 중요하다고 볼 수 있다. 종아리 근육의 특징은 미세 근육과 지근의 분포가 많아서 순간적인 스피드를 요하는 골프 다운 스윙 시 종아리 근육의 강화가 절실히 필요하다.

❶ 굿모닝 엑서사이즈

- 허리를 구부려 다리를 최대한 쭉 펴고 상체를 앞으로 기울인다.
- 이 운동은 척추 근육 전체에 큰 영향을 미친다.
- 상체를 들어 올릴 때 골반의 전후 부분이 움직이는데, 이것을 통해 대둔근과 대퇴 이두근, 단두를 제외한 대퇴부 후면 근육이 발달하게 된다.
- **Key Point_** 척추를 앞으로 늘린다는 느낌으로 실시한다.

2 스쾃

- 숨을 아주 깊게 들이쉬고 흉곽 안쪽에 힘을 주어 상체가 앞으로 기울지 않도록 한다.
- 두 발은 평행하게 두고 절대 척추를 구부리지 않도록 한다.
- 대퇴골이 수평이 되었을 때 다시 시작 자세로 돌아간다.
- **Key Point_** 무릎이 발 끝보다 뒤쪽에 위치한다.

3 카프레이즈

- 무릎이 구부러지지 않도록 하고 발꿈치를 들어올려 발을 편다.
- 발을 바깥 쪽으로 놓으면 내 비복근이, 안 쪽으로 놓으면 외 비복근이 발달한다.
- 발 밑에 받침대를 대거나 받침대없이 바벨만으로 할 수 있다.
- **Key Point_** 종아리를 최대한 펴고 몸을 천장으로 올린다는 느낌이 중요하다.

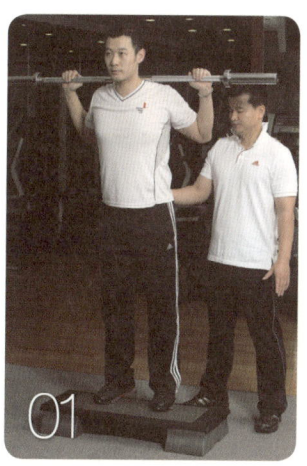

01

**PASCHIMOTTANASANA
SITTIONG FORWARD BEND POSE**

GOLF PILATES

어드레스의 안정성을 위한 필라테스 트레이닝
골반 들어 올리기

마시고
01

시작 자세
발은 골반 넓이로 간격을 두고 발바닥은 매트에 붙인다.

호흡 & 동작
숨을 들이마시고 준비하여 내쉬는 호흡에 골반부터 시작하여 복부를 수축하며, 척추를 순차적으로 굴려 올린다. 다리와 엉덩이가 일직선이 되도록 하여 균형을 유지한다. 마시고 내쉬면서 흉추부터 시작하여 복부를 수축하면서 척추를 천천히 굴려 골반을 마지막에 내린다. 3-5회 실시.

주의사항
반드시 척추를 순차적으로 마디 마디 들어올린다. 골반을 들었을 때 허리가 과하게 휘지 않도록 복부를 당기고, 엉덩이와 등근육에 힘이 들어가는 것을 느끼며 자세를 만든다.

내쉬고
02

 **포커스 & 키포인트**
어드레스의 안정성 유지에 중요한 등근육과 엉덩이, 허벅지의 힘을 위한 유연성과 근력 강화 운동 스탠스 시 다리와 골반의 안정에 도움이 된다.

03

GOLF PILATES 02

PASCHIMOTTANASANA
SITTIONG FORWARD BEND POSE

어드레스의 안정성을 위한 필라테스 트레이닝
상체 뒤로 들기

마시고

01

내쉬고

02

시작 자세
매트에 엎드려 얼굴은 바닥, 양 손은 어깨 높이로 옆에 두고, 양쪽 다리는 붙여둔다.

호흡 & 동작
숨을 들이마시고 내쉬며 상체를 머리, 어깨, 가슴 순으로 천천히 들어 올린다. 정수리부터 발 끝까지 길게 늘리고 가슴부위는 확장시키며, 어깨는 내린다. 등 근육에 힘이 들어가는 것을 느끼며 올린 상태에서 마시고 내쉬면서 상체를 내린다. 3-5회 실시.

주의사항
허리에 무리가 가는 범위까지 올리지 않는다. 머리를 과하게 뒤로 넘기지 않으며, 등과 목의 라인이 자연스럽게 흐르도록 한다. 양 팔에 무게를 실어서 동작하지 않는다.

포커스 & 키포인트
등근육의 힘과 어드레스에서 등과 목의 자연스러운 선을 만드는 감각을 키워 머리 위치의 불안정한 상태를 개선한다.

03

**PASCHIMOTTANASANA
SITTIONG FORWARD BEND POSE**

어드레스의 안정성을 위한 필라테스 트레이닝
어깨 회전하기

시작 자세
양쪽 다리를 교차하여 매트에 편히 앉아 등허리를 곧게 늘려 펴고, 양팔은 몸통 앞으로 뻗는다.

호흡 & 동작
숨을 들이마시며 어깨를 가슴 앞에서 위로 들어 올리고, 숨을 내쉬면서 어깨를 아래로 크게 회전이 되도록 돌린다. 반대방향으로도 한다.

주의사항
어깨의 회전이 몸통을 중심으로 앞, 뒤, 위, 아래로 크고 부드럽게 연결되도록 동작한다. 어깨의 움직임에 제한이 느껴지는 부위를 집중적으로 실시한다. 각 5회씩 실시

포커스 & 키포인트
어드레스에서 어깨의 과도한 긴장을 풀기 위한 어깨 관절주변의 유연성을 위한 동작이다. 골프 스윙 시 잦은 손상 부위이니 예방을 위해 유용한 이 동작을 자주 연습하도록 한다.

마시고

01

02

내쉬고

03

04

제2장 골프 스윙의 기술적 트레이닝 방법

2 백스윙의 균형성

백스윙을 할 때는 몸의 회전에 따라 자연히 체중은 오른발로 이동한다. 이 때 오른발 안쪽으로 체중을 지탱하면 무릎이 벌어지지 않고 어드레스의 방향과 모양을 일정하게 유지할 수 있다. 좋은 백스윙은 어깨의 회전이 견고한 하체를 바탕으로 이루어져야 한다. 이러한 백스윙은 적절한 템포와 리듬으로 좋은 구질과 강력한 임팩트를 구사할 수 있다. 가장 중요한 부분은 팔과 클럽이 스윙과 함께 Y자가 되도록 하는 것이다. 체크해 봐야 할 부분은 스윙 움직임을 계속하면서 왼쪽 무릎과 오른쪽 힙의 위치 그리고 오른쪽 허벅지의 위치이다. 이것은 백스윙의 균형성에 가장 중요한 역할을 한다고 해도 과언이 아니다. 오른쪽 무릎이 오른발의 바로 위에 있는지, 체중의 80%가 오른발에 실려 있는지를 어깨의 수평적인 턴과 함께 체크해 본다.

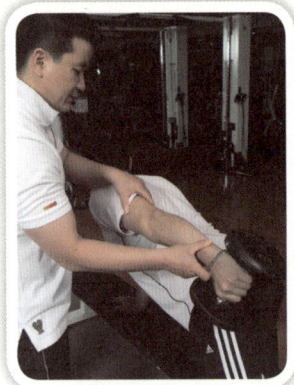
덤벨 트라이셉 킥백 _P32

바디 트위스트 _P33

힙 어덕터 _P33

제2장 골프 스윙의 기술적 트레이닝 방법

백스윙의 균형성

- 최대한 어깨의 힘을 뺀 채로 본인이 회전할 수 있는 최적의 어깨 턴을 실시한다.
  어깨턴은 수평으로 이동시키도록 노력해야 한다.
- 어깨 턴을 실시할 때, 하체는 고정된 상태에서 충분한 꼬임의 역할을 할 수 있도록 한다.
- 체중의 이동이 오른쪽 골반과 오른쪽 무릎에 있다는 느낌을 가져야 최대의 파워를 생산할 수 있다.
- 팔과 손으로 들어 올려 스윙을 만드는 골퍼들에겐 좋은 연습 방법이 될 수 있다.

View

View(front)

01

02

백스윙을 위한 웨이트 트레이닝

골프의 해석
백 스윙시 왼쪽팔의 근력강화에 효과를 준다.

① 덤벨 트라이셉 킥백

- 다리를 자연스럽게 구부리고 선 다음, 허리를 곧게 유지하면서 상체를 숙인다.
- 상완은 몸에 붙이고 팔꿈치만 구부리며 숨은 내쉬면서 팔을 뒤로 쭉 편다.
- 상완 삼두근 강화 운동으로 고반복을 통해 확실한 효과를 볼 수 있다.
- **Key Point_** 팔꿈치를 기지개 켜는 느낌으로 최대한 펴준다.

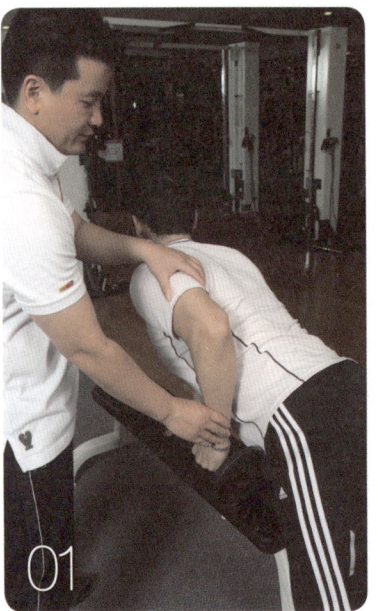

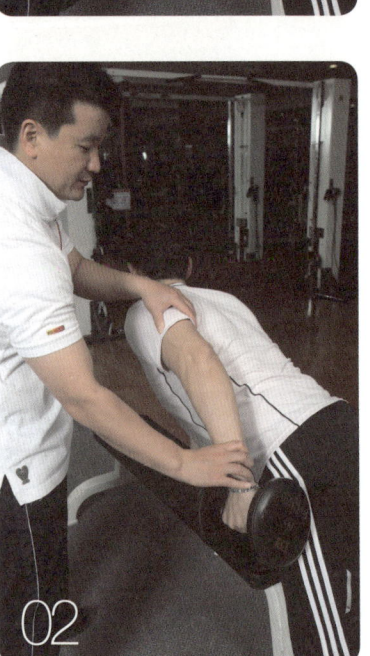

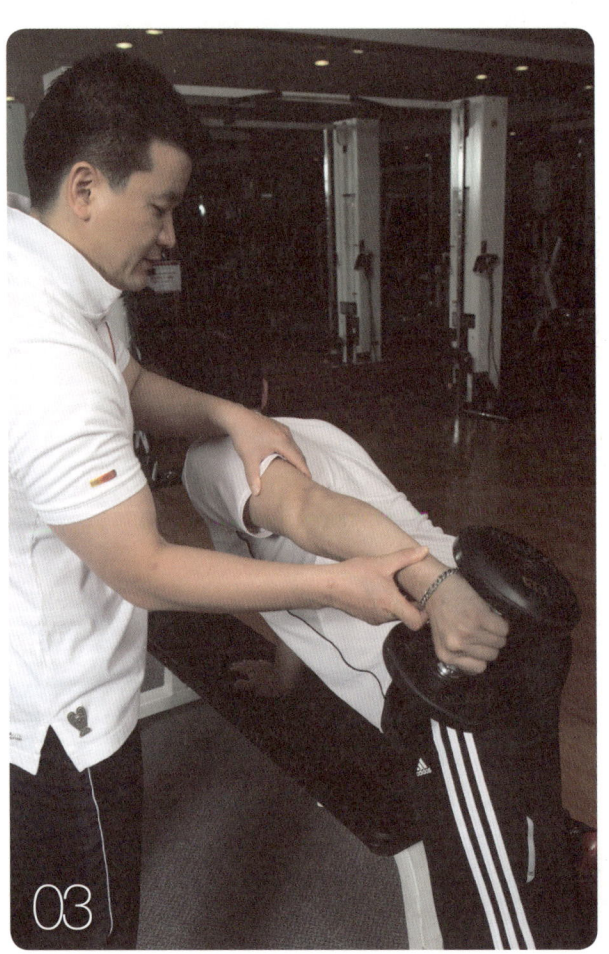

② 바디 트위스트

> **골프의 해석**
> 백 스윙시 몸의 회전력에 효과를 준다.

- 허리를 곧게 펴고 양팔을 뻗어 자리에 앉는다.
- 시선은 정면을 보고 자연스럽게 좌, 우로 돌려준다.
- **Key Point_** 허리에 힘을 뺀 상태에서 유연하게 회전시켜 준다.

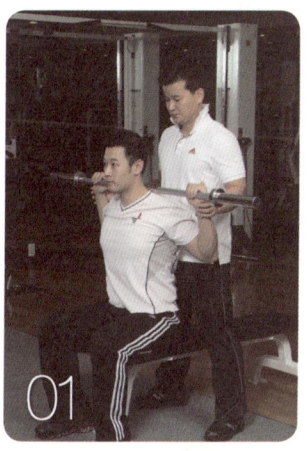

③ 힙 어덕터

> **골프의 해석**
> 백 스윙시 강력한 하체의 안정에 도움을 준다.

- 다리를 벌리고 기구에 앉은 후 대퇴부를 안쪽으로 당긴다.
- 이 운동은 내전근(치골근, 단내전, 중내전, 장내전, 박근포함)에 효과적이며, 운동 폭에 제한을 받는다.
- 다리가 욱신거리게 할 정도로 여러 번 반복하면 최고의 효과를 볼 수 있다.
- **Key Point_** 다리 안쪽에 계속적인 긴장감을 주어야 한다.

01

PASCHIMOTTANASANA
SITTIONG FORWARD BEND POSE

백스윙을 위한 필라테스 트레이닝

고관절 돌리기

시작 자세
매트에 누워 왼쪽 다리는 바닥에 쭉 펴고, 오른쪽 다리는 위로 뻗는다.

호흡 & 동작
마시는 호흡에 원의 반을, 내쉬는 호흡에 고관절을 돌려 나머지 원을 그린다. 이때 골반이 좌우로 흔들리지 않는 범위에서 돌려야 한다. 무릎이 펴지지 않을 경우 구부려서 고관절을 돌린다. 각 5회씩 실시.

주의사항
다리로 원을 그릴 때 골반이 좌, 우로 흔들리지 않는 범위로 원의 크기를 조절한다. 어깨나 상체에 불필요한 긴장감을 만들지 않도록 한다.

포커스 & 키포인트

골반의 회전이 원활하도록 하여 백스윙 시 엉덩이가 뒤로 빠지는 현상을 잡아주고, 어깨회전과 골반의 코일링이 자연스럽게 이루어지도록 도와준다.

마시고

01

02

03 내쉬고

GOLF PILATES

PASCHIMOTTANASANA
SITTIONG FORWARD BEND POSE

02

백스윙을 위한 필라테스 트레이닝
척추 비틀기

마시고

01

내쉬고

02

시작 자세
두 다리는 구부려 교차하고, 척추는 벽에 기댄 듯 길게 늘려 곧게 앉으며, 양팔은 어깨 높이로 양옆으로 편다.

호흡 & 동작
숨을 들이마시고 내쉬며, 가슴을 들어 올려 몸통을 오른쪽으로 돌린다. 그 상태에서 한번 더 마시고 내쉬는 호흡에 복부를 당겨 복근에 힘을 주고, 최대한 좀 더 돌려준다. 숨을 들이마시며 처음 자세로 돌아와 반대쪽도 실시한다. 3회씩 실시.

주의사항
몸통을 비트는 동안 등을 굽히지 않도록 해야 한다. 어깨로 돌리는 느낌이 아닌, 몸통과 척추의 회전이 이루어져야 한다. 어깨를 올리거나 긴장하지 않으며, 척추 회전 시 골반과 다리는 움직이지 않는다.

포커스 & 키포인트
척추의 유연성 향상을 통해 골프 스윙의 회전 감각과 복부 내외 복사근의 근력을 키우는데 도움을 준다.

03

03

**PASCHIMOTTANASANA
SITTIONG FORWARD BEND POSE**

백스윙을 위한 필라테스 트레이닝

무릎 구부려 상체 앞으로 기울이기

GOLF PILATES

01 마시고

시작 자세
어드레스 스탠스로 양발은 밴드를 밟고 선다. 양손으로 밴드를 잡고 엉덩이 옆에 내려 준비한다.

호흡 & 동작
숨을 들이마시고 내쉬며 무릎을 구부리고, 척추를 바르게 늘려 복부는 당기면서 상체를 사선 앞으로 기울인다. 이때, 양손은 밴드를 어깨 높이로 당긴다. 등줄기에 힘이 들어가도록 하며, 무릎이 발끝보다 앞으로 밀리지 않도록 한다. 마시는 호흡에 원위치로 돌아온다. 5-10회 실시.

주의사항
허리가 과하게 뒤로 휘거나 앞으로 구부러 지지 않도록 복부를 당기고, 등 근육에도 힘이 들어가야 하며, 밴드를 당길 때 어깨가 올라가지 않도록 해서 팔을 들어야 한다. 팔꿈치는 살짝 구부려야 엘보우에 무리를 주지 않는다.

포커스 & 키포인트
골반과 다리 근력향상을 통해 하체의 안정된 지지기반을 만들며, 어깨의 높이 변화 없이 밴드를 당김으로써 어깨주변 근육 안정성 유지에 도움을 준다.

TIP 잘못된 동작

02 내쉬고

제2장 골프 스윙의 기술적 트레이닝 방법

3 다운스윙의 폭발성

다운스윙은 하체로 시작해야 한다. 다운스윙은 정확한 임팩트가 매우 중요하지만 그에 못지않게 완벽한 팔로스루를 추구해야 한다. 즉 스윙을 한 번에 마쳐야 원심력에 의해 가속도가 붙어 보다 멀리 볼을 보낼 수 있다. 일반적으로 아마추어는 임팩트 위주로 볼을 맞히는 데 급급하기 때문에 헤드스피드가 줄어들고, 순간적으로 손목에 힘이 들어가기 때문에 전체적인 흐름이 깨져 팔로스루가 없어지면서 비거리에 많은 손실을 가져온다. 폭발적인 다운스윙은 허리를 동반하여 팔 전체가 늦게 작동함으로써 나중에 쭉 뻗어지는 것이다. 백스윙이 상체를 위주로 하여 시작되었다면 다운스윙은 반대로 하체로부터 시작해야 한다.

하체를 이용한 다운스윙의 폭발적인 힘은 코킹을 유지하는 동작이라 하겠다. 전체적으로 방향전환 동작이라고도 한다.

방향전환 동작에서 가장 중요한 것은 허리를 써서 엉덩이의 움직임이 일어날 때는 손목의 코킹을 그대로 유지하거나 코킹을 아래 방향으로 내려오게 하는 것이라 하겠다. 그러한 동작으로 클럽 면은 왼팔과 평행이 된다. 특히 왼팔과 가슴이 붙어 있어 압력을 느껴야 한다.

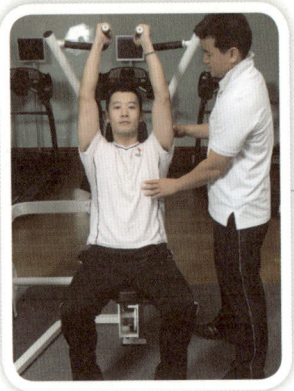

숄더 프레스 _P42

팜다운 리스트 컬 _P43

케이블 다운스윙 _P43

다운스윙의 폭발성

- 탑 스윙에서 부드럽게 내려오면서 가속력을 얻어야 하기 때문에 코킹을 유지한 느낌으로 한 번의 스윙으로 헤드를 돌린다는 느낌을 가져야 한다.
- 그리고 난후 다시 헤드를 머리 위에서 돌려 코킹을 유지한 채 클럽을 아래 방향으로 끌어내리는 연습을 함으로써 헤드의 움직임과 동시에 코킹을 유지한 폭발적인 다운스윙 연습을 할 수 있으며, 연습 시 손목의 회전과 유연한 느낌을 얻을 수 있어, 예비동작 없이 스윙을 할 때 발생되는 부상방지 예방에 도움을 줄 수 있다.

View

View

03

04

다운스윙을 위한 웨이트 트레이닝

1 숄더 프레스

> **골프의 해석**
> 다운스윙시 순간적인 힘을 발휘하는데 효과를 준다.

- 벤치에 앉아 등을 곧게 펴고 평행(패럴러) 그립으로 바를 잡은 후 어깨 위로 들어올린다.
- 숨을 내쉬면서 팔이 당길 때까지 수직으로 쭉 올린 다음 숨을 들이쉰다.
- 등이 흔들리지 않도록 곧게 펴주는 것이 중요하다.
- **Key Point_** 팔꿈치를 가슴 안쪽으로 조여주는 느낌으로 실시한다.

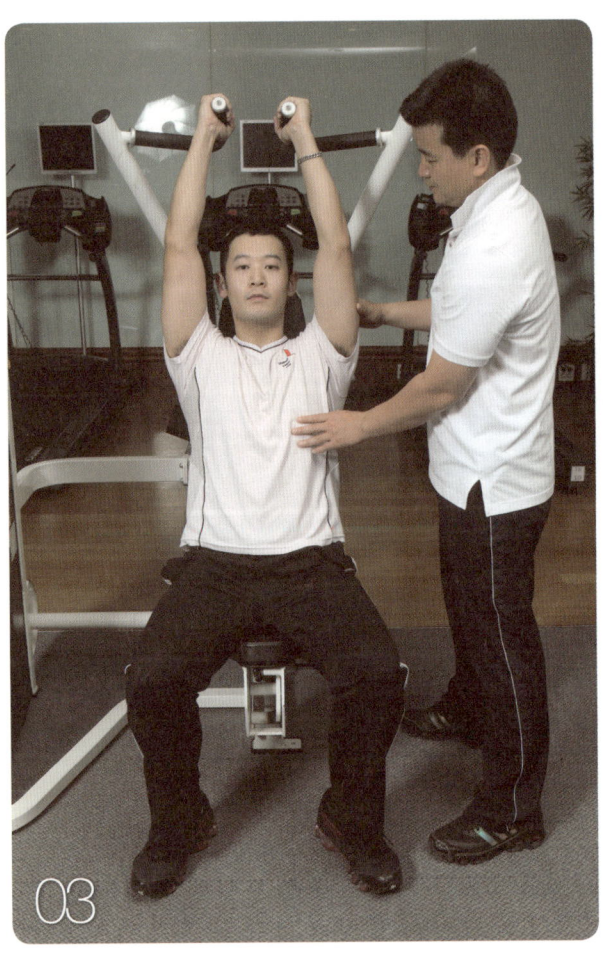

❷ 팜다운 리스트 컬

골프의 해석
손목의 파워를 증가시켜 헤드스피드를 높일 수 있는 효과가 있다.

- 벤치에 앉아서 팔을 대퇴부나 벤치 위에 올려 놓은 다음, 오버그립으로 바벨을 잡는다.
- 팔은 고정시키고 팔목을 이용하여 바벨을 들어 올린다.
- 이 동작은 다치기 쉬운 팔목 관절을 강화시키고, 코킹을 최대한 가져올 수 있게 하는 장점이 있다.
- **Key Point_** 손목 관절을 유연하게 고반복하는 게 중요하다.

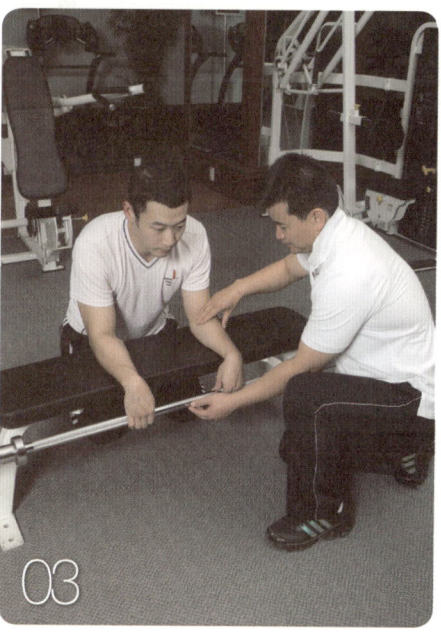

❸ 케이블 다운스윙

골프의 해석
Late Hitting(지연히팅)의 동작을 연습할 수 있는 효과가 있다.

- 기구를 측면으로 보고 서서 손잡이를 잡는다.
- 잡은 손잡이를 사선으로 최대한 쭉 펴준다.
- 15회 정도 반복하면 큰 효과를 볼 수 있다(고 중량 중 반복).
- **Key Point_** 동작이 끊어지지 않도록 한 번의 동작으로 실시한다.

01

PASCHIMOTTANASANA
SITTIONG FORWARD BEND POSE

다운스윙을 위한 필라테스 트레이닝
골반 들어 다리 올리고 내리기

시작 자세
바로 누워서 발은 골반 넓이로 벌리며, 무릎은 구부리고 발바닥은 매트에 붙인다.

호흡 & 동작
마시고 내쉬는 호흡에 골반을 순차적으로 들어 올린다. 마시는 호흡에 오른쪽 다리를 천정을 향해 들어 올린다. 내쉬는 호흡에 발등을 몸통 가까이 당기면서 오른쪽 다리를 왼쪽 허벅지 높이까지 내린다. 엉덩이와 등근육의 긴장을 유지하면서 동작이 수행될 때 골반의 높이가 변화되지 않도록 한다. 골반을 올린 상태에서 2회 실시하고, 마시고 내쉬는 호흡에 오른발을 원위치에 내려 놓는다. 반대쪽 다리도 실시한다. 1-3세트 실시.

주의사항
골반을 들어 다리를 올리고 내리는 사이 골반이 흔들리거나, 좌·우로 기울거나 처지지 않도록 유의하며, 들고 있는 다리 반대쪽 엉덩이에 힘이 들어가야 한다.

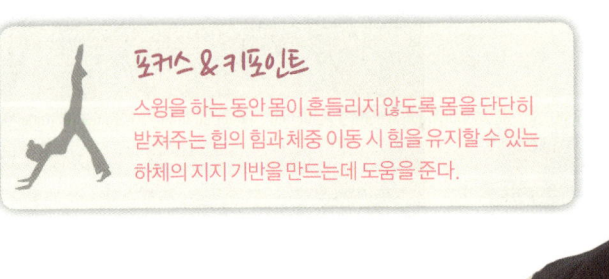

포커스 & 키포인트
스윙을 하는 동안 몸이 흔들리지 않도록 몸을 단단히 받쳐주는 힙의 힘과 체중 이동 시 힘을 유지할 수 있는 하체의 지지 기반을 만드는데 도움을 준다.

내쉬고

01

마시고

02

03 내쉬고

GOLF PILATES 02

PASCHIMOTTANASANA
SITTIONG FORWARD BEND POSE

다운스윙을 위한 필라테스 트레이닝
상체 돌려 뒤로 보내기

마시고

01

내쉬고

02

03

시작 자세
무릎은 골반 넓이로 구부리고 발바닥은 매트에 붙이며, 허리를 곧게 펴고 앉는다. 양팔은 어깨 높이로 앞으로 뻗는다.

호흡 & 동작
마시고 준비하여 내쉬는 호흡에 복부를 수축하면서 상체를 오른쪽으로 돌려 오른팔을 뒤로 멀리 밀어 보낸다. 마시는 호흡에 원위치로 돌아와 내쉬는 호흡에 왼쪽으로 돌린다. 이때 골반의 흔들림 없이 안정된 상태를 유지하며 동작한다.
6-10회 실시.

주의사항
등허리와 복부의 근력과 기능이 향상되고 이로 인한 코어의 강한 힘은 다운스윙의 파워를 키워준다.

포커스 & 키포인트
등허리와 엉덩이의 근력의 기능이 향상되어 코어의 강한 힘은 다운스윙의 파워를 키워준다.

03

**PASCHIMOTTANASANA
SITTIONG FORWARD BEND POSE**

다운스윙을 위한 필라테스 트레이닝

상체 비틀어 올리기

01 마시고

02 내쉬고 / 마시고

시작 자세

매트에 누워 양쪽 다리는 직각이 되도록 들고,
양손은 겹쳐 머리 뒤에 받쳐둔다.

호흡 & 동작

숨을 들이마시고 내쉬며 오른쪽 팔꿈치가 왼쪽 무릎에
닿을 때까지 복근을 수축하여 상체를 비틀어 올린다.
왼쪽 다리는 사선으로 쭉 편다. 어깨가 매트에서 뜨도록
하여 몸통을 돌린다. 단순히 팔만 움직이지 않도록
한다. 골반의 안정된 자세를 유지하면서 방향을 바꾼다.
6-10회 실시.

주의사항

목과 어깨만 비트는 것이 아니라 복부의 근육을 이용하여
옆구리부터 들어 올려 비틀어야 한다. 동작 시 몸이
좌우로 흔들리지 않도록 하고, 뻗은 다리의 엉덩이에 힘을
주어 균형을 유지해야 한다.

포커스 & 키포인트

강력한 몸의 회전력을 위한 감각과 내외
복사근의 힘을 키워 강한 코어를 만들어
준다.

내쉬고

03

마시고

내쉬고 **04**

4 임팩트의 스피드

임팩트는 히프를 왼쪽으로 조금 돌리면서 어깨선이 타깃 라인과 직각을 이루기 시작할 때, 오른쪽 무릎을 왼쪽으로 슬쩍 밀어 넣는다. 체중의 대부분이 왼발에 실리므로, 체중의 70%가 왼발에 있는 지 확인한다. 히프는 직각의 좌측으로 45도 정도로 돌아가 있고, 어깨는 목표선과 직각을 이룬다.

임팩트 순간 왼팔과 샤프트는 일직선이 되고 목표 선에 스퀘어로 볼을 히트한다. 올바른 임팩트 형은 어드레스의 재현이다. 어드레스와 다른 것은 백스윙을 시작하고 탑에서 다운스윙으로 이행하는 동작 중에 모아 두었던 파워의 흐름이 전신에 있다는 점이다. '왼쪽의 벽'이라는 말이 자주 거론되는데, 이것은 전신의 파워를 분산시키지 않고 임팩트의 순간 집중하기 위해서이다. 왼쪽 사이드가 빈틈없이 오른쪽에서 왼쪽으로의 웨이트 이동을 막아냄으로써 헤드가 최대한의 파워를 볼에 전할 수 있게 된다.

랫 머신 풀다운 _P52

바이셉스 컬 _P53

런지 _P53

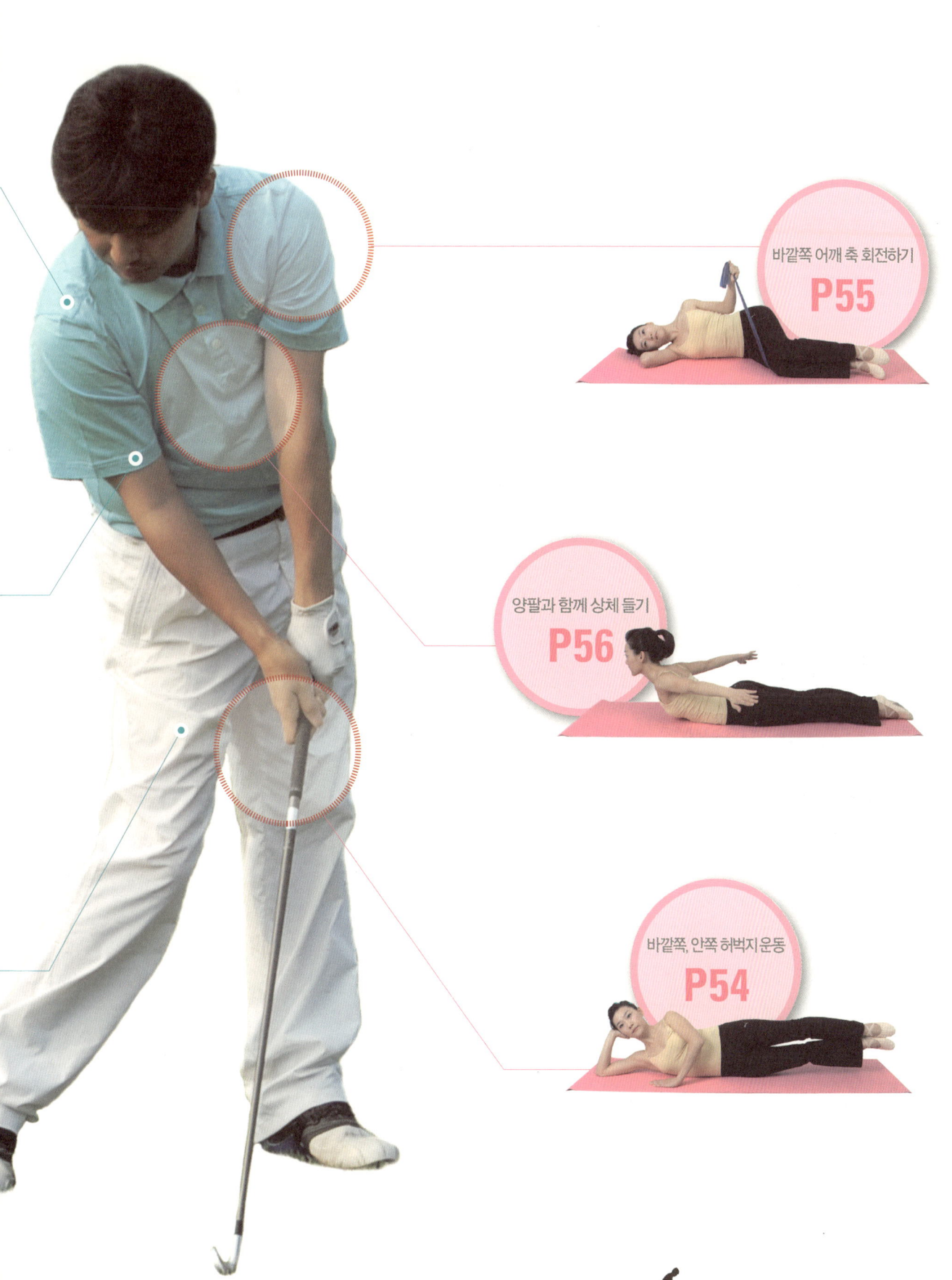

임팩트의 스피드

- 양쪽팔에 클럽을 낀 다음 골반과 허리힘으로 회전시키면서
  공 앞에서 최대한 힘을 발휘하기 위해 타이밍 연습을 실시한다.
- 가령, 마음속으로 원, 투, 그리고 쓰리부분에서 허리회전과 골반의 힘을 나타내주는 연습을 실시한다.
- 이와 더불어 연습해야 할 손목 운동은 손목의 코킹을 연습하면서 백 스윙 시
  손목의 사용 연습을 미리 할 수 있고, 임팩트 시 손목의 버팀 역할을 미리 연습할 수 있다.
- 손목을 과도하게 사용하는 골퍼의 부상방지에 도움을 준다.

View

01

02

임팩트를 위한 웨이트 트레이닝

골프의 해석
임팩트 시 상체의 고정된 역할에 효과를 준다.

① 랫 머신 풀다운

- 랫 머신 벤치에 앉아 무릎을 고정한 후 손을 넓게 벌려 오버 그립을 취한다.
- 숨을 크게 내쉬면서 흉골까지 바를 잡아당긴다. 이때 팔꿈치는 아래로 한다.
- 등의 너비를 넓게하는 효과가 있고 광배근의 상부와 중간 근육, 승모근, 능형근, 상완 이두근, 상완근과 흉근에도 부하가 간다.
- **Key Point_** 경각골을 확장했다 다시 수축하는 느낌으로 한다.

② 바이셉스 컬

골프의 해석
코킹의 풀리지않는 손목의 힘을 길러주는데 효과가 있다.

- 허리를 곧게 펴고 서서 손을 어깨보다 약간 넓게 벌려 언더그립으로 바벨을 잡는다.
- 숨을 내쉬면서 바벨을 들어 올리는데 상체 반동이 없이 마무리하면서 숨을 들이쉰다.
- 상완 이두근과 상완근에 정신을 집중한다.
- **Key Point_** 상완근에 최대한 긴장을 주고 내리는 동작에서도 긴장을 준다.

③ 런지

골프의 해석
임팩트시 안정된 하체에 효과를 준다.

- 덤벨을 양손에 들고 허리는 곧게 펴며 시선은 발을 놓을 수 있는 목표 지점을 향한다.
- 좌우 어깨가 균형 있고 흔들리지 않게 한발씩 교대로 움직인다.
- 이때 상체는 앞으로, 좌우로 숙이지 말고 편 상태를 유지한다.
- **Key Point_** 하체의 균형을 유지한 채 실시해야 한다.

GOLF PILATES

01
PASCHIMOTTANASANA
SITTIONG FORWARD BEND POSE

임팩트를 위한 필라테스 트레이닝
바깥쪽, 안쪽 허벅지 운동

시작 자세
왼쪽 옆으로 누워 머리부터 발끝까지 일직선이 되도록 만든다.

호흡 & 동작
숨을 들이마시면서 오른쪽 다리를 길게 늘리며 골반 높이로 들어올린다. 이때 골반이 흔들리지 않도록 하여 내쉬는 호흡에 왼쪽 다리의 안쪽근육을 수축시킨 상태에서 다리를 들어 오른쪽 다리에 붙이고, 둔부와 복부의 긴장 상태를 유지하며 매트로 내린다. 각 5-10회 실시.

주의사항
동작을 실시할 때 골반이 앞, 뒤로 움직이지 않도록 코어를 이용하여 몸통을 안정시킨다.

포커스 & 키포인트
엉덩이와 다리가 만나는 부분의 힘을 키워 스윙을 할 때 골반의 안정적인 위치를 유지하는 능력을 키워준다.

01

마시고

02

내쉬고 **03**

PASCHIMOTTANASANA
SITTIONG FORWARD BEND POSE

02

GOLF PILATES

임팩트를 위한 필라테스 트레이닝

바깥쪽 어깨 축 회전하기

마시고

01

시작 자세

골반과 바닥은 수직이 되도록 하고, 허리를 바르게 펴고 왼쪽 옆으로 눕는다. 양쪽 다리는 앞쪽으로 구부려 둔다.

내쉬고

02

호흡 & 동작

오른손으로 밴드를 잡고, 팔꿈치를 고정한 상태에서 손목이 꺾이지 않도록 하여 마시고 내쉬는 호흡에 어깨를 바깥쪽으로 회전시킨다. 마시며 되돌아온다. 각 5~10회 실시.

주의사항

어깨의 회전 시 몸통이 움직이지 않도록 하며, 어깨의 위치 변화 없이 회전이 되도록 한다.

포커스 & 키포인트
안정된 어깨의 위치와 멀리 뻗어 줄 수 있는 어깨의 힘을 키워 준다.

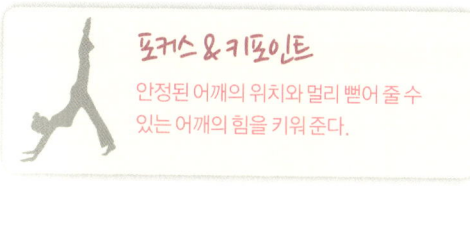

03

03

PASCHIMOTTANASANA
SITTIONG FORWARD BEND POSE

임팩트를 위한 필라테스 트레이닝

양팔과 함께 상체 들기

마시고
01

시작 자세

매트에 엎드려 양 다리는 골반 넓이로 하고, 양팔을 접어서 양손은 어깨 옆에 둔다.

호흡 & 동작

내쉬는 호흡에 양팔을 머리 위로 쭉 뻗으며, 상체를 매트에서 살짝 띄운다. 이때 손끝부터 발끝까지 전신을 길게 늘린다. 마시는 호흡에 양팔은 원을 그리며 등줄기의 힘으로 상체를 뒤로 든다. 흉곽 끝이 바닥에서 뜨지 않도록 하며, 엉덩이를 조이고 다리는 바닥에 고정한다. 내쉬는 호흡에 원위치로 돌아온다. 3~5회 실시.

주의사항

동작을 하는 동안 배꼽을 당겨 배를 움푹하게 넣어 허리를 지지해주어야 한다. 또한, 엉덩이와 허벅지 근육이 꽉 조여지고 발끝은 바닥에 고정되어 있어야 한다. 머리를 과하게 뒤로 넘기지 않고, 목 뒷부분을 이완시키고, 정수리를 위로 늘리며 가슴을 들어 올린다.

내쉬고
02

포커스 & 키포인트
등허리와 복부의 작용으로 코어의 힘을 키우고 둔부의 지지 기반을 만들어 강한 힘의 원천이 된다.

마시고
03

제2장 골프 스윙의 기술적 트레이닝 방법 | 57

5 팔로우 스로우의 확장성

팔로스루(follow-through)란 스윙에서 임팩트 후에 이어지는 연결동작을 말한다. 일반적으로 팔로스루는 하나의 동작처럼 보이지만 사실은 두 개의 구분 동작으로 이뤄진다. 백스윙에 이어 임팩트, 그 후 피니시 까지 스윙을 완성시키는 동작이 바로 팔로스루라고 보면 된다. 이 동작이 자연스럽게 이어질 때 비거리 향상은 물론, 자세도 좋아진다. 팔로스루의 첫 번째 단계는 임팩트 후 양팔을 지면과 평행선상으로 뻗어 목표지점에 정조준하는 동작까지이다. 이때 시선은 아래로 향하면서 떠나간 볼의 잔상을 확인해야 한다. 이 상황에서 머리가 들려버리는 헤드업이 나오면 스윙의 정확성은 떨어지게 된다. 또한 퍼올리는 어퍼컷 형태의 스윙이 나오면 헤드업의 가능성이 높아질뿐 아니라 토핑이나 슬라이스를 유발하고, 체중이동을 전혀 하지 못하게 된다. 두 번째 단계는 목표지점으로 쭉 뻗은 양팔을 오른손목의 회전을 통해 덮어주는 동작이다. 다시 말하면 릴리스 동작인데, 동작은 말 그대로 코킹된 손목을 부드럽게 풀어주는 동작이다. 아래팔이 서로 맞닿아 '짝' 하는 소리를 들을 수 있으면 좋은 릴리스가 된 것이다. 이때 오른쪽 어깨가 턱밑으로 들어가 있을 정도로 허리를 회전시킨다. 이 동작을 통해 클럽헤드는 자연스럽게 피니시 자세를 만들게 된다. 왼팔과 오른팔의 자연스런 움직임으로 왼손 바닥은 하늘로, 오른손 바닥은 지면을 향하게 된다.

케이블 팔로우 스로우 _P62

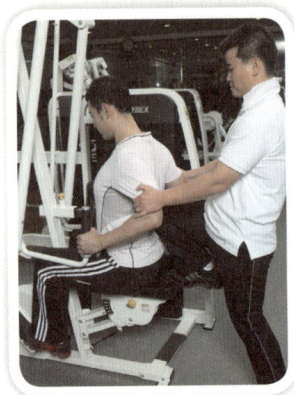

롱 풀 _P63

힙 어덕터 _P63

팔로우 스로우의 확장성

- 클럽을 앞쪽으로 들어올린다. 클럽을 최대한 옆으로 돌려 원심력을 이용한 야구배트를 휘두르는 느낌으로 클럽을 채 주는 모양으로 휘두른다.
- 이 부분은 원심력을 이용한 가속력을 확보하기 위한 연습운동으로 스피드를 느껴볼 수 있어야 한다. 골프는 힘을 주는 운동이 아닌 힘을 발휘하기 위해 클럽을 휘두르는 운동이라는 것을 연습시 미리 확인할 수 있다.

View

01

02

View

03

04

팔로우 스로우를 위한 웨이트 트레이닝

① 케이블 팔로우 스로우

골프의 해석
팔로우 확장에 효과를 준다.

- 케이블 중심부를 허리높이로 한쪽에 고정시키고 양손으로 케이블 반대쪽을 잡아 어드레스 자세를 취한다.
- 골프 스윙 궤도에 맞도록 동작을 실시하며, 머리는 시작 자세를 유지하고, 이후 천천히 시작자세로 돌아온다.
- 동작을 실시할 때 양쪽 팔꿈치가 완전히 펴지도록 뻗어준다.
- **Key Point**_ 팔을 최대한 편채로 확장시켜 준다.

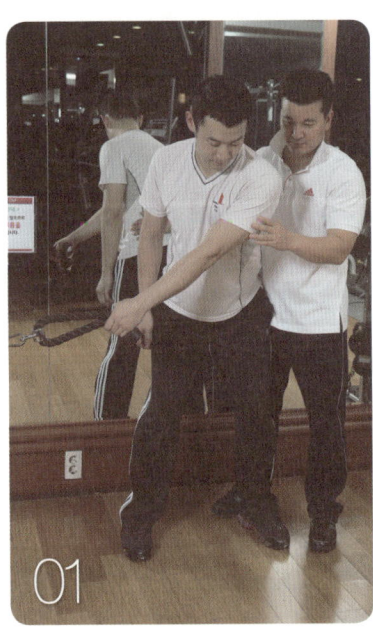
01

02

② 롱 풀

> **골프의 해석**
> 다운스윙과 팔로우시 양팔이 떨어지지 않는 동작을 연습하는데 효과가 있다.

- 기구 앞에 앉아 페달에 두발을 고정시키고 팔을 펴서 양손으로 손잡이를 잡는다.
- 숨을 들이마신 후 팔꿈치를 굽혀 흉골 쪽으로 당기면서 등은 바로 세운다. 동작을 마무리할 때 숨은 내쉰다.
- 상체를 다시 세울 때는 척추근에 힘이 가해진다. 너무 많은 힘을 가하지 않고 몸무게 정도만 실어서 실행하면 등 전체가 유연해진다.
- **Key Point_** 팔꿈치가 옆구리를 스치듯이 실시한다.

③ 힙 어덕터

> **골프의 해석**
> 팔로우 시 골반과 하체의 지탱효과에 도움을 준다.

- 힙 어덕터의 반대로 이용한다.
- **Key Point_** 가동범위를 최대한 늘리는게 중요하다.

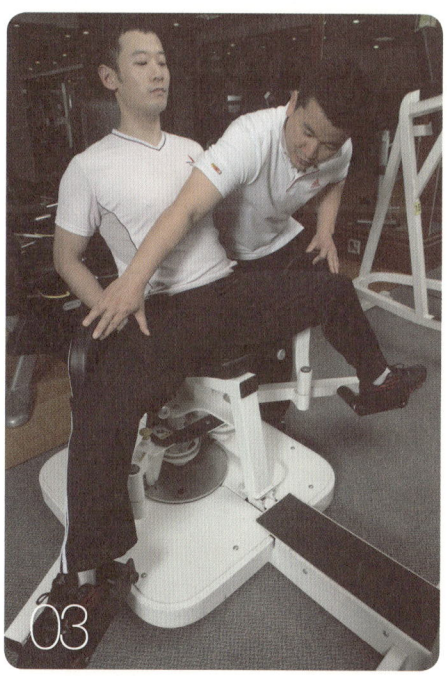

01

PASCHIMOTTANASANA
SITTIONG FORWARD BEND POSE

팔로우 스로우를 위한 필라테스 트레이닝
엎드려서 상체 돌려 팔 뻗기

GOLF PILATES

마시고
01

시작 자세
양쪽 무릎은 골반 넓이로 벌리고, 양 팔꿈치는 바닥과 수직이 되도록 하여 엎드린 자세를 한다.

호흡 & 동작
오른팔을 뻗어 마시고 내쉬는 호흡에 몸통 안쪽의 왼쪽 다리와 팔 사이로 집어넣어, 마시는 호흡에 오른팔을 접어 팔꿈치가 천정을 향하도록 하여 몸통을 반대로 돌린다. 내쉬는 호흡에 복부를 수축하며, 오른팔을 멀리 뻗어 골반은 고정한 상태에서 몸통을 좀 더 돌린다. 각 5-10회 실시.

주의사항
동작하는 동안 왼쪽 팔꿈치가 구부러지거나 움직이지 않도록 고정하고, 몸통을 돌릴때 골반은 정확한 위치를 잡아 흔들림이 없도록 한다. 팔만 돌리는 것이 아니라 몸통 전체의 회전이 이루어지도록 해야 한다.

내쉬고
02

포커스 & 키포인트
골반의 흔들림 없이 상체가 효율적으로 회전할 수 있도록 척추의 균형과 기능을 향상시켜준다.

마시고

내쉬고
03

GOLF PILATES

PASCHIMOTTANASANA
SITTIONG FORWARD BEND POSE

02

팔로우 스로우를 위한 필라테스 트레이닝
골반 들어 다리 돌리기

시작 자세

매트에 바로 누워 다리는 골반 넓이로 하여 무릎을 구부리고, 양팔은 엉덩이 옆에 둔다.

호흡 & 동작

마시고 내쉬는 호흡에 순차적으로 골반을 들어올리고, 몸통과 다리까지 사선을 만든다. 마시는 호흡에 오른쪽 다리를 천정으로 들어 올려 내쉬는 호흡에 다리로 원을 그린다. 다시 마시고 내쉬며 반대 방향으로도 그린다. 반대쪽 다리도 실시한다. 각 3-5회 실시.

주의사항

골반을 올려 다리로 원을 그리는 동안, 골반이 흔들리거나 쳐지지 않도록 작은 원을 그리기 시작하여 점차적으로 원의 크기를 키운다. 코어에 힘을 느끼며 등이 굽지 않도록 복부와 등줄기에 집중해야 한다.

포커스 & 키포인트

상체와 하체를 연결하는 골반부분에서 코어까지의 힘을 키우고, 하체와 허리의 앞뒤 근육의 밸런스를 바로잡아주어 허리와 골반이 밀리지 않는 힘을 키워준다. 실질적인 스윙이 일어나는 골반과 고관절의 유연성과 기능향상에 도움을 준다.

03

**PASCHIMOTTANASANA
SITTIONG FORWARD BEND POSE**

팔로우 스로우를 위한 필라테스 트레이닝
상체 틀어 뒤로 들기

시작 자세
양손을 포갠 손등 위에 이마를 두고 매트에 엎드린다. 양다리는 붙이고, 머리부터 발끝까지 길게 늘린다.

호흡 & 동작
숨을 들이마시며 흉곽까지의 상체를 매트에서 띄우고, 내쉬는 호흡에 오른쪽으로 회전하듯 상체를 들어올린다. 마시는 호흡에 원위치로, 다시 내쉬는 호흡에 왼쪽으로 돌려 들어 올린다. 6-10회 실시.

주의사항
무릎이 뜨지 않도록 하체는 매트에 고정하고, 허리에 무리가 가지 않도록 엉덩이를 살짝 조인다. 팔을 밀어 보낼 때 몸통이 함께 움직이도록 하여야 한다. 등에 통증이 느껴지면 동작을 멈추어야 한다.

포커스 & 키포인트
등근육의 힘을 키우고, 코어 근육들의 안정화와 허리의 균형 조절능력이 향상된다.

TIP 준비 동작

마시고

01

내쉬고

02

마시고

03

04 내쉬고

6 피니시의 일정성

케이블 크런치 _P72

스탠딩 바디 트위스트 _P73

레그 컬 _P73

피니시 동작은 스윙의 마무리 시점으로, 좋은 스윙과 나쁜 스윙을 한 번에 구별할 수 있는 동작이다. 좋은 마무리 동작은 스윙의 일정성과 거리의 향상에 도움을 주므로 타격 동작에만 신경 쓰지 말고 좋은 마무리 동작을 연습해야 한다. 피니시 동작에서 잘못되기 쉬운 점은 상체가 타깃을 향하여 충분히 회전하지 못하는 점이다. 피니시에서 오른쪽 어깨가 타깃을 향하도록 완전히 돌리는 연습을 하여야 한다. 다음에 흔히 저지르기 쉬운 잘못은 너무 팔을 높이 들어 클럽이 거의 수직으로 매달리는 모양을 하는 것이다. 자연스럽게 돌아서 목뒤에 대각선으로 걸리도록 노력하여야 한다. 골프는 본인의 스윙을 스스로 볼 수 없기 때문에 비디오나 거울 등을 이용하면 연습할 때 큰 효과가 있다.

어깨 뒤쪽 근육 스트레칭
P76

어깨와 가슴 스트레칭
P74

누워서 골반 비틀기
P77

제2장 골프 스윙의 기술적 트레이닝 방법

피니시의 일정성

- 중심을 이동하면서 체중 이동 현상을 느껴야 한다.
- 왼쪽 손의 클럽이 무너지지 않도록 균형성을 유지하면서 중심을 오른쪽에서 왼쪽으로 이동시켜 준다.

View(front)

View(Back)

01

02

피니시를 위한 웨이트 트레이닝

1 케이블 크런치

골프의해석
피니시 동작에 몸 중심을 지탱한 채 회전시키는 효과가 있다.

- 케이블 중심부를 머리 위쪽에 고정시키고 반대 끝을 양손으로 잡아 이마에 갖다 댄다.
- 이때 무릎을 구부리고 엉덩이를 들어서 몸 중심이 앞으로 향하게 한다.
- 등을 둥글게 말면서 빠른 속도로 머리를 숙이면서 케이블이 아래로 향한다.
- **Key Point**_동작 시에 몸을 복부 중심으로 말아 준다.

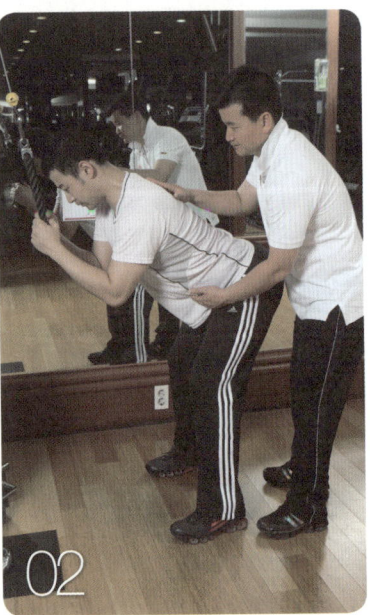

② 스탠딩 바디 트위스트

> **골프의해석**
> 유연한 피니시 동작에 효과를 준다.

- 스탭박스 위에 서서 팔은 양쪽 그립을 잡고 시선은 고정한다.
- 무릎은 약간 구부리고 허리 회전을 최대한 준다.
- **Key Point_** 하체를 잡아주고 상체 회전력을 높이는게 중요하다.

③ 레그 컬

> **골프의해석**
> 무릎의 균형성은 피니시 동작에 효과를 준다.

- 배를 기구에 대고 누워 손잡이를 잡은 후 다리는 쭉 편다. 발목은 패드에 고정시킨다.
- 숨을 들이마신 후 대퇴부는 그대로 둔 채, 발꿈치가 엉덩이에 닿을 정도로 다리를 올린다.
- 한발씩 하면 더 집중해서 운동할 수 있다.
- **Key Point_** 무릎을 완전히 떼지 않은 채 실시하고 저중량 고반복한다.

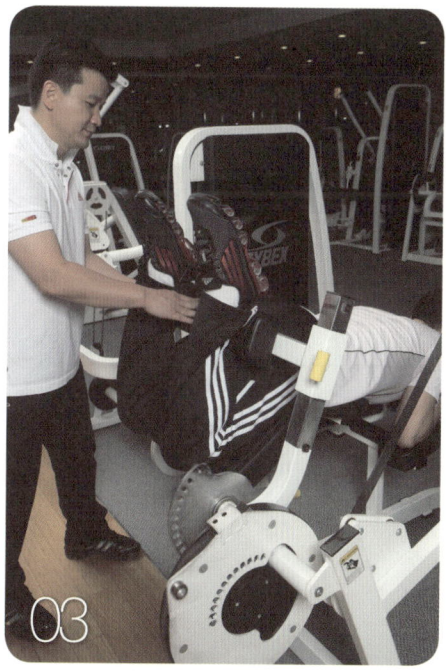

01

PASCHIMOTTANASANA
SITTIONG FORWARD BEND POSE

피니시를 위한 필라테스 트레이닝
어깨와 가슴 스트레칭

시작 자세
양쪽 다리를 교차하여 매트에 편히 앉은 후, 등허리를 곧게 늘려 펴고, 양손은 가슴 앞에서 깍지를 낀다.

호흡 & 동작
마시고 내쉬는 호흡에 깍지 낀 양손을 가슴 앞에서 밖으로 쭉 편다. 이때 척추는 둥글게 뒤로 밀어 보낸다. 마시고 원위치, 내쉬며 머리 위로 손바닥이 천정을 향하도록 하여 팔과 함께 척추도 위로 쭉 펴 늘린다. 양손을 엉덩이 뒤에서 깍지 끼고, 마시는 호흡에 가슴은 앞으로 밀면서 양팔을 위로 들어 올리고, 내쉬는 호흡에 팔을 아래로 내린다. 세트로 3-5회 실시.

주의사항
힘으로 양팔을 밀거나 당겨 올리지 않도록 하며, 부드럽게 동작을 연결하여 척추와 어깨, 가슴을 이완한다.

포커스 & 키포인트
어깨와 가슴 쪽 이완을 통해 스윙 시 어깨 움직임의 제한을 최소화 할 수 있다.

마시고

01

내쉬고

02

02

PASCHIMOTTANASANA
SITTIONG FORWARD BEND POSE

피니시를 위한 필라테스 트레이닝
어깨 뒤쪽 근육 스트레칭

01

마시고

시작 자세
양쪽 다리를 교차하여 매트에 편히 앉은 후, 등허리를 곧게 늘려 펴고, 양손과 팔꿈치를 가슴 앞에서 붙이고 준비한다.

호흡 & 동작
숨을 들이마시며 팔꿈치가 떨어지지 않는 범위 내에서 손끝을 천정을 향해 밀어 올린다. 허리는 바르게 편 상태에서 내쉬는 호흡에 원위치로 돌아온다. 5-10회 실시.

주의사항
동작하는 동안 어깨를 올리거나 긴장하지 않고, 팔꿈치가 붙어 있는 상태로 동작할 수 있는 범위 내에서 차츰 늘려 나간다. 어깨가 많이 굳어 있는 경우, 동작이 불편하고 팔꿈치를 붙이기도 힘들어 힘이 들어가므로 힘에 의한 동작을 하지 않는다.

02

포커스 & 키포인트
어깨 뒤쪽근육을 이완하여 스윙의 마무리에 팔을 끝까지 뻗어 줄 수 있다.

내쉬고

03

GOLF PILATES

PASCHIMOTTANASANA
SITTIONG FORWARD BEND POSE

03

피니시를 위한 필라테스 트레이닝
누워서 골반 비틀기

01

마시고

02

시작 자세

매트에 누워 양 무릎은 구부려 붙이고,
양손은 골반 옆에 가지런히 내려둔다.

호흡 & 동작

오른발을 왼쪽 무릎 위에 올리고, 숨을 들이마시고 내쉬며 왼손으로 오른쪽
무릎을 왼쪽 바닥으로 기울인다. 등 뒤의 오른손은 왼쪽 발끝을 잡는다.
이때 골반은 부드럽게 왼쪽으로 돌리며, 오른쪽 어깨는 바닥에서 뜨지
않도록 고정한다. 시선은 오른쪽을 바라보며, 정수리부터 왼쪽 무릎까지
일직선이 되도록 한다. 마시는 호흡에 원위치로 되돌아 온다. 반대쪽 무릎도
올려 실시한다. 각 3-5회 실시.

주의사항

무리해서 스트레칭하지 않도록 하고,
가능하면 양쪽 어깨가 매트에 닿아 있도록 한다.

포커스 & 키포인트
부드러운 체간의 회전을 통해 스윙 시 머리 위치를 바르게
유지할수 있는 목 주변과 척추의 유연성과 기능향상에
도움을 준다.

03 내쉬고

제3장
실전 라운딩 기술

1 아이언 샷의 힘의 원천

팜 업 리스트 컬 _P83

아주 숙련된 골퍼들을 살펴보면, 아이언을 잘 치는 분들이 많다. 반대로 보통 초심자들은 양팔을 빨리 휘두르기만 하면 볼을 멀리 보낼 수 있을 것으로 생각한다. 그렇게 되면 척추와 어깨의 역할이 감소되기 때문에 결국 스윙의 힘과 정확도를 잃게 된다. 이러한 결과로 뒤땅과 생크 등 비슷한 현상이 일어난다.

아이언 스윙에 일가견이 있는 사람들은 일단 다운스윙이 시작된 뒤에 동작의 대부분이 아주 자연스럽게 이루어진다. 스윙을 하는 동안 클럽헤드를 둥글게 휘두르면 헤드의 무게에 의하여 원심력이 발생한다. 그러면 손목이 펴지게 되어 볼을 향하여 클럽헤드를 자유롭게 휘둘러줄 수 있게 된다. 스윙에서 가장 중요한 포괄적인 고려사항은 템포라는 이야기다.

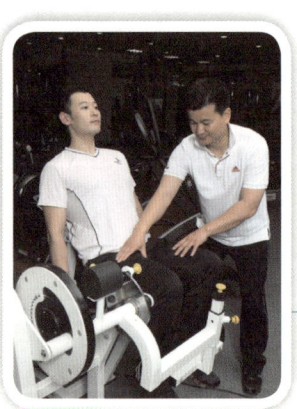

레그 익스텐션 _P82

그런데 초심자들의 동작은 종종 이러한 자연스러움과 거리가 멀다. 초심자들은 클럽을 너무 의식적으로 제어하려 하며, 그립을 지나치게 단단히 잡는 경향이 있다. 아울러 스윙의 힘이 뛰어난 손과 손목 동작에서 나온다는 사실도 무시하는 경향이 있다. 클럽과 팔은 일직선을 유지하지만, 바로 손목부분에서 꺾이게 되며 손목은 타격 순간 원래의 상태를 회복하게 된다. 그렇게 되어야 최대의 힘과 정확성을 확보할 수 있다

아이언 샷은 드라이버의 샷과 약간 다른 특성을 가지고 있다.

즉, 하체를 바탕으로 한 최대한의 어깨 회전보다는 정확한 동작과 부드러운 원심력을 이용한 클럽의 정확한 타점이 아이언샷의 원천이라 할 수 있다.

아이언 샷을 위한 웨이트 트레이닝

① 레그 익스텐션

골프의 해석
안정된 하체는 아이언 샷의 방향성과 밀접하다.

- 기구에 앉아 상체를 고정하기 위해 손잡이를 잡는다. 무릎은 굽히고 발목은 패드에 댄다.
- 숨을 들이마신 후 대퇴부가 수평에 이를 때까지 들어올린다. 숨을 내쉰다.
- 다리를 펼 때는 대퇴 사두근의 관절 중앙부분인 대퇴직근에 많은 부하가 가해진다.
- **Key Point_** 다리를 펼 때 최대한 기지개 켜듯 짜주고 발 끝은 몸쪽으로 당겨준다.

> **골프의 해석**
> 임팩트시 손목의 힘을 헤드에 충분히 전달하고 지면에 버티는 힘을 길러준다.

② 팜 업 리스트 컬

- 벤치에 앉아서 전완을 대퇴부나 벤치 위에 올려놓은 다음, 언더그립으로 바벨을 잡는다.
- 숨을 내쉬면서 팔목을 올리고 숨을 들이마시면서 내린다.
- **Key Point_** 손목을 유연하게 하고 앞쪽으로 당길 때 1초~2초 정도 기다린다.

01

PASCHIMOTTANASANA
SITTIONG FORWARD BEND POSE

아이언 샷을 위한 필라테스 트레이닝
뒤로 다리 들어 올리기

01

마시고

시작 자세
양손은 어깨넓이로 벌리며 양 무릎은 골반넓이로,
등줄기를 바르게 펴고 자세를 준비한다.

호흡 & 동작
숨을 들이마시며 오른쪽 무릎을 당겼다가 내쉬는 호흡에 복부를 움푹하게
당기며, 오른쪽 다리를 멀리 밀어 올린다. 이때, 골반은 한쪽으로 들어
올려지지 않도록 중심을 바로잡고, 척추의 균형을 유지한다. 마시며 원위치로
돌아온다. 각 3-5회 실시.

주의사항
준비 자세에서 어깨가 위로 밀리거나 빠지지 않도록 하며, 척추를 바르게
늘린다. 다리를 들어올릴 때는 엉덩이 높이 이상으로 들어 올리거나 골반이
틀어지지 않도록 주의해야 한다. 허리를 과하게 밀어 내리지 않는다.

02

 **포커스 & 키포인트**
등허리와 엉덩이 근육이 강화되어 스윙에 힘을 실어 준다.

내쉬고

03

GOLF PILATES

**PASCHIMOTTANASANA
SITTIONG FORWARD BEND POSE**

02

아이언 샷을 위한 필라테스 트레이닝
코어 중심 잡기

시작 자세
양다리는 구부려 무릎을 바닥에 닿게 하고 발끝은 세우며, 양팔을 바닥과 수직이 되도록 하여 엎드린 자세로 준비한다.

호흡 & 동작
마시고 내쉬는 호흡에 복부를 움푹하게 당기고, 척추는 중립이 유지 되도록 하여 무릎을 편다. 정수리부터 뒤꿈치까지 일직선이 되도록 균형을 잡는다. 이때 엉덩이를 조이고, 어깨관절은 안정 되도록 하여 어깨가 밀리지 않도록 한다. 호흡을 하며 20초 정도 유지한다. 5회 실시.

주의사항
동작하는 동안 손목이 아플 경우에는 삼가고, 팔꿈치를 안으로 살짝 구부리면 무리가 가지 않는다. 골반이 매트쪽으로 밀려 허리가 휘거나 엉덩이를 위로 들어 올리지 않도록 무릎, 엉덩이, 허리, 복부에 힘이 들어가야 한다.

> **포커스 & 키포인트**
> 골반과 하체의 안정된 균형과 상체와 하체의 중심을 잡아 주는 힘을 키워 스윙의 파워와 균형감각을 키워준다.

마시고

01

02 **내쉬고**

제3장 실전 라운딩 기술

2 롱 드라이버 샷의 비밀

싯업 _P89

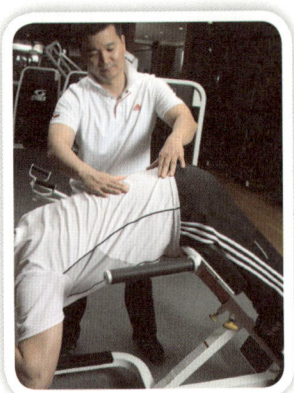

백 익스텐션 _P89

데드 리프트 _P88

드라이버를 사용할 때는 몸의 왼쪽이 팽팽하게 느껴질 정도로 몸을 볼의 뒤쪽으로 회전시켜주어야 한다. 그리고 이렇게 회전된 몸은 다운스윙이 시작될 때까지 그대로 유지되어야 한다.

스윙의 방향전환과 코킹유지동작은 스윙에서 가장 중요한 부분이다. 그러나 서둘러서는 안 된다. 양팔을 아래쪽으로 휘둘러주며 몸무게를 왼쪽으로 이동시켜주는 동작은 일체감 있고 매끄럽게 가져가야 하며, 절대로 서두르지 말아야 한다. 대부분의 문제는 볼을 때리는 데 급급하여 타격을 너무 서두름으로써 발생한다. 스윙을 서두르면 제어력이 떨어지게 되며, 그 결과 잘못된 궤도를 타고 클럽헤드를 볼 쪽으로 내던지는듯한 동작이 나오게 된다. 그러면 스윙의 탑 동작 때 팽팽하게 감겨 있던 폭발적인 힘을 일시에 모두 잃어버리게 된다. 어떤 골퍼들은 왼쪽 다리 쪽으로 몸이 지나치게 기울어지면서 몸무게의 과잉 이동현상을 보이며 오히려 비거리가 감소되는 현상이 나타나기도 한다.

롱 드라이버 샷을 위한 웨이트 트레이닝

1 데드 리프트

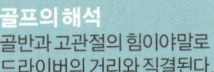

골프의 해석
골반과 고관절의 힘이야말로 드라이버의 거리와 직결된다.

- 다리를 자연스럽게 벌리고 서서 바닥에 놓인 바벨 앞에 선다.
- 허리를 구부려 다리를 최대한 쭉 펴고 상체를 앞으로 기울인다.
- 팔을 늘어뜨리고 오버 그립으로 바벨을 잡고 숨을 내쉬면서 바벨을 수직으로 올리며 허리는 움직이지 않게 고정시킨다.
- 숨을 들이쉬면서 허리를 곧게 유지한 채 바벨을 다시 내려 놓는다.
- **Key Point**_ 팔을 배꼽쪽으로 당기고 상체는 앞으로 이동시켜 준다.

01

02

03

② 백 익스텐션

> **골프의 해석**
> 강력한 허리와 등 근육은 충분한 회전력을 뒷받침해서 비거리를 증가시킨다.

- 치골을 벤치 바깥쪽으로 향하게 하고 대퇴골 위로 중심축이 지나가게 고정한 다음 발목을 고정 시켜 기구에 놓는다.
- 최상의 효과를 원한다면 상체가 수평을 이룰 때 그 자세를 잠시 동안 유지하면 좋다.
- **Key Point_** 상체를 숙일때 허리를 앞으로 펴면서 늘려주는 느낌으로 시행한다.

③ 싯업

> **골프의 해석**
> 훌륭한 복근력은 회전력과 임팩트시 폭발력에 도움을 준다.

- 싯업보드에 반듯하게 누운 후 양 발 간격은 30cm 정도, 무릎은 직각이 되도록 하고 양손은 목뒤에서 마주 잡는다.
- 발목을 발목 걸이에 제대로 걸어준다.
- 내쉬는 호흡에 복근을 이용하여 윗몸을 일으킨 후 싯업보드에 등이 닿지 않게 누웠다가 양팔꿈치가 무릎에 닿게 반복한다. 이때 골반이나 상체반동을 하지 않고 순수하게 복근만을 이용한다.
- **Key Point_** 하체에 힘을 주지 않고 배근력으로만 시행한다.

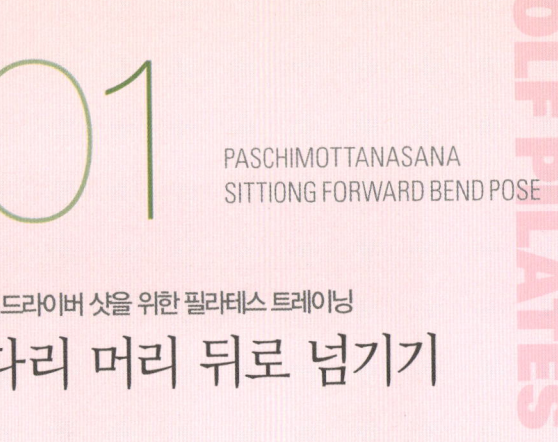

01

PASCHIMOTTANASANA
SITTIONG FORWARD BEND POSE

롱 드라이버 샷을 위한 필라테스 트레이닝
다리 머리 뒤로 넘기기

시작 자세
매트에 누워 양쪽 다리는 사선으로 들고 양팔은 몸통 옆에 두고 준비한다.

호흡 & 동작
마시는 호흡에 다리를 몸통과 직각이 되도록 좀 더 당긴다. 내쉬는 호흡에 복부는 당기고 골반부터 시작하여 척추를 순차적으로 들어 올린다. 다리와 매트가 평행이 되도록 최대한 당기고, 어깨관절로 균형을 유지한다. 마시는 호흡에 발끝으로 바닥을 살짝 터치한 후 내쉬면서 두 다리는 골반 넓이로, 발등은 몸통 쪽으로 당기고, 척추를 하나하나 매트에 닿도록 하여 순차적으로 굴려 내려 다리를 모으며 처음처럼 사선에서 멈춘다. 3-5회 실시

주의사항
목과 척추에 문제가 있는 사람은 하지 않는다. 어깨와 손은 바닥을 누르거나 힘을 이용하지 않는다. 코어의 힘을 이용하여 동작을 조절한다. 목이 심하게 꺾일 정도로 하체를 뒤로 넘기려 하지 않는다.

포커스 & 키포인트
척추와 어깨 주변 긴장을 풀어주며, 척추의 기능향상과 엉덩이 허리선 이완에 도움을 준다.

01

마시고

02

내쉬고

03

마시고　내쉬고　04

제3장 실전 라운딩 기술

02

PASCHIMOTTANASANA
SITTIONG FORWARD BEND POSE

롱 드라이버 샷을 위한 필라테스 트레이닝

상체들어 몸 비틀기

시작 자세

오른쪽으로 앉아 무릎을 구부리고, 오른쪽 발목 앞에 왼발을 붙이고 무릎을 세운다. 오른손은 어깨 바로 아래에서 골반과 오른쪽 발목까지 일직선상에 둔다. 왼쪽 손등은 왼쪽 무릎 위에 둔다.

호흡 & 동작

숨을 들이마시면서 몸을 매트에서 들어 올리며, 이때 머리에서 발끝까지 일직선이 되도록 만들고, 내쉬는 호흡에 몸과 바닥 사이의 공간으로 왼팔을 넣으며 상체를 함께 숙여 시선도 같은 방향을 향한다. 골반은 흔들림이 없어야 한다. 다시 마시는 호흡에 등 뒤쪽으로 왼팔을 넘긴다. 상체도 활짝 펴서 시선과 함께 보낸다. 내쉬는 호흡에 다시 중앙으로 돌아와 마시는 호흡에 원위치로 돌아온다. 각 3-5회 실시

주의사항

몸통을 들어 올렸을 때 양쪽 허벅지 내전근육에 힘을 주어 다리를 붙이고, 엉덩이를 조인다. 손목이 약하거나 통증이 있을 경우 동작을 하지 않는다. 상체의 아래, 위로 회전할 동안 골반이 흔들리거나 틀어지지 않도록 중립을 유지해야 한다.

포커스 & 키포인트
동작을 통해 코어인 허리, 복부와 어깨의 안정화를 가져와 근력이 강화되고, 전신의 균형과 조절능력을 키워 강한 드라이버샷을 만드는데 도움을 준다.

01

마시고

02

03

PASCHIMOTTANASANA
SITTIONG FORWARD BEND POSE

롱 드라이버 샷을 위한 필라테스 트레이닝

서서 팔과 다리 들기

마시고

01

시작 자세

양손은 밴드를 잡거나 클럽을 잡고, 양발은 모아 척추를 곧게 펴고 선다.

호흡 & 동작

마시고 내쉬는 호흡에 상체를 앞으로 하고 양팔을 뻗으며 오른다리를 들어 올린다. 목뼈부터 시작하여 척추의 기울기를 유지하며 상체를 숙인다. 양팔을 멀리 뻗으며 오른다리를 90도가 될 때까지 들어 올려 자세를 완성한다. 30초 호흡하며 자세를 유지한다. 각 3~5회 실시.

주의사항

동작하는 동안 척추가 구부려지거나 흔들리지 않도록 바르게 펴고, 골반이 흔들리거나 한쪽으로 치우쳐 올라가지 않도록 주의해야 한다. 집중하여 동작하며, 복부를 당기고, 들어 올리는 다리와 엉덩이에 힘을 준다. 처음에 균형을 잡기 힘들 경우 끝까지 들어 올리지 않고, 차츰 기울기를 키운다.

내쉬고

02

포커스 & 키포인트

등허리, 엉덩이의 탄력과 근육을 조화롭게 사용하고 발달시켜 전체적인 균형감각을 키워 변화가 많은 필드의 상황에서 안정된 균형감을 가질 수 있다.

03

제3장 실전 라운딩 기술 | 95

3 정확한 피칭 샷의 요령

카프레이즈 _P99

피치 샷은 어려운 샷의 하나인데, 그 이유는 스윙의 크기를 조절하면서 볼은 때리는 감각을 터득하지 않으면 안 되기 때문이다. 이를 위해서는 감각으로 어느 정도의 볼을 보내야 할 것인지를 알아야 한다.

좋은 피치 샷을 위한 2가지 조건이 있다. 즉, 자세와 클럽헤드를 효과적으로 내보내어 확실하게 볼을 보내기 위해서는 상반신이 충분히 앞으로 기울어져 있어야 한다. 어드레스 모양은 일반적인 임팩트 때 하체의 모양으로 중심이 왼쪽에 60% 이상 실려 있는 모양이 되어야 한다.

또 한가지는 손목의 자유로운 쓰임을 억제해야 한다는 것이다. 물론 공을 띄우는 기술을 해야 할 때는 손목을 사용해야 하지만, 전체적인 관점에서 볼 땐, 공을 맞추는 느낌보단 공을 아래에서 위로 던지는 것처럼 부드럽게 헤드를 떨어뜨리는 동작을 연상해야 한다.

어프로치 샷은 비거리보다는 방향과 컨트롤이 중요하기 때문에 비거리를 늘리는데 사용하는 근육의 사용과는 다소 다르다. 정확한 피칭 샷은 거리조절을 스윙의 크기로 해야 하기 때문에 스윙의 안정적인 형태와 리듬, 템포 그리고 감각이 중요한 요소이다.

케이블 사이드 레이즈 _P98

밴드잡고 앞에서
옆으로 당기기
P101

한 다리로 서서
몸 돌리기
P100

제3장 실전 라운딩 기술

피칭 샷을 위한 웨이트 트레이닝

> **골프의 해석**
> 피칭샷의 생명은 안정된 어드레스와 끝나고 난 후의 균형성이므로 밀접한 관계가 있다.

① 케이블 사이드 레이즈

- 다리를 자연스럽게 벌리고 선 후, 등을 곧게 펴고 팔을 늘어뜨린 다음 줄이 교차되게 손잡이를 잡는다.
- 숨을 들이마시고 팔이 수평이 될 때까지 올린 다음 숨을 내쉰다.
- **Key Point**_ 동작의 리듬을 천천히 하며 균형성을 잡는 게 중요하다.

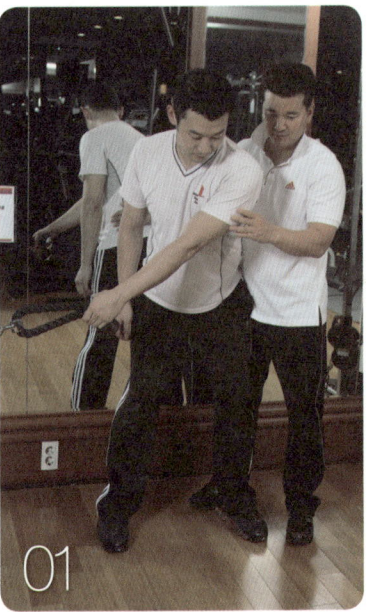

01

02

03

> **골프의 해석**
> 피칭샷의 생명은 안정된 어드레스와 끝나고 난 후의 균형성이므로 밀접한 관계가 있다.

❷ 카프레이즈

- 허리를 곧게 펴고 양 어깨는 패드에 댄 다음 발가락 끝에 힘을 주고 선다. 이때 무릎 관절은 구부러지지 않도록 주의하고, 발꿈치를 들어 올려 발을 편다.
- 근육을 효과적으로 단련하기 위해 매회 완벽하게 실행하는 것이 중요하다.
- **Key Point**_ 종아리 한 쪽의 힘으로만 체중이 이동되는 느낌으로 실시한다.

01

**PASCHIMOTTANASANA
SITTIONG FORWARD BEND POSE**

피칭 샷을 위한 필라테스 트레이닝
한 다리로 서서 몸 돌리기

마시고

01

시작 자세
서서 양팔은 어깨높이에서 옆으로 펴고, 오른쪽 다리는 직각이 되도록 들고 준비한다.

호흡 & 동작
마시고 내쉬는 호흡에 골반이 따라가거나 왼쪽 다리가 흔들리지 않도록 하여 몸통을 오른쪽으로 돌린다. 이때 시선도 함께 보낸다. 마시면서 원위치로 돌아와서 내쉬는 호흡에 왼쪽으로 돌리고, 마시는 호흡에 준비자세로 돌아온다. 각 8회 실시.

주의사항
동작하는 동안 등허리가 굽지 않도록 바르게 펴서 척추의 회전이 이루어지도록 한다. 하체가 흔들리거나 불안정하지 않게 고정한 상태에서 상체가 돌아가도록 한다. 무리하게 돌리려하여 어깨를 올리거나 힘을 주지 않는다.

포커스 & 키포인트
불안정한 상황에서 균형을 유지할 수 있는 감각을 키워준다.

내쉬고

02

TIP 잘못된 동작

02

PASCHIMOTTANASANA
SITTIONG FORWARD BEND POSE

피칭 샷을 위한 필라테스 트레이닝

밴드잡고 앞에서 옆으로 당기기

01 마시고

시작 자세

양발은 골반넓이로 하여 밴드를 밟고, 오른손은 밴드를 잡고 선다.

호흡 & 동작

마시는 호흡에 오른팔을 어깨 높이로 들고 그 상태에서 내쉬며 윗 사선으로 팔을 편다. 마시는 호흡에 팔을 접고 내쉬며 내린다. 실시할 때 몸통이 움직이거나 어깨가 한쪽으로 치우치지 않도록 해야 한다. 각 10회 실시.

주의사항

밴드를 당겨 올리는 팔의 어깨는 함께 따라 올라가지 말아야 한다. 당기는 동안 몸이 한쪽으로 기울지 않도록 한다.

02

포커스 & 키포인트
어깨와 엘보우, 손목의 힘과 조절능력을 키워준다.

내쉬고 **03**

마시고

04

4 그린에서의 집중력

카프레이즈 _P105

케이블 크런치 _P104

퍼팅은 동작이 작으며, 섬세한 감각이 중요하다. 그러나 작은 근육의 사용을 가능한 한 억제하고, 대 근육을 움직여서 퍼팅을 해야 한다. 그 이유는 심리적 부담감을 이겨내고 자세와 감각의 항상성을 유지하기 위해서 대 근육을 사용하는 것이 유리하기 때문이다. 손가락이나 손목만을 사용하는 퍼팅을 하지 않아야 퍼팅이 흔들리지 않는다. 아마추어 고수 분들을 보면 더러 자신만의 방법으로 홀 안에 들어가는 장면도 볼 수 있지만, 일정성 부분에서 매우 약하다.

좋은 퍼팅자세는 가장 강력한 하체를 바탕으로 머리를 고정한채 리듬으로 클럽을 이용하는것이며, 이러한 자세의 퍼팅방법이 가장 효과적이라고 할 수 있다.

앉아서 상체 앞으로
구부리기
P106

짐 볼에 누워 호흡하기
P107

제3장 실전 라운딩 기술 | 103

집중력을 위한 웨이트 트레이닝

① 케이블 크런치

- 케이블 중심부를 머리 위쪽에 고정시키고 반대 끝을 양손으로 잡아 이마에 갖다 댄다.
- 이때 무릎을 구부리고 엉덩이를 들어서 몸 중심이 앞으로 향하게 한다.
- 등을 둥글게 말면서 빠른 속도로 머리를 숙이면서 케이블을 아래로 당긴다.
- **Key Point**_ 동작 때 몸을 복부 중심으로 말아 준다.

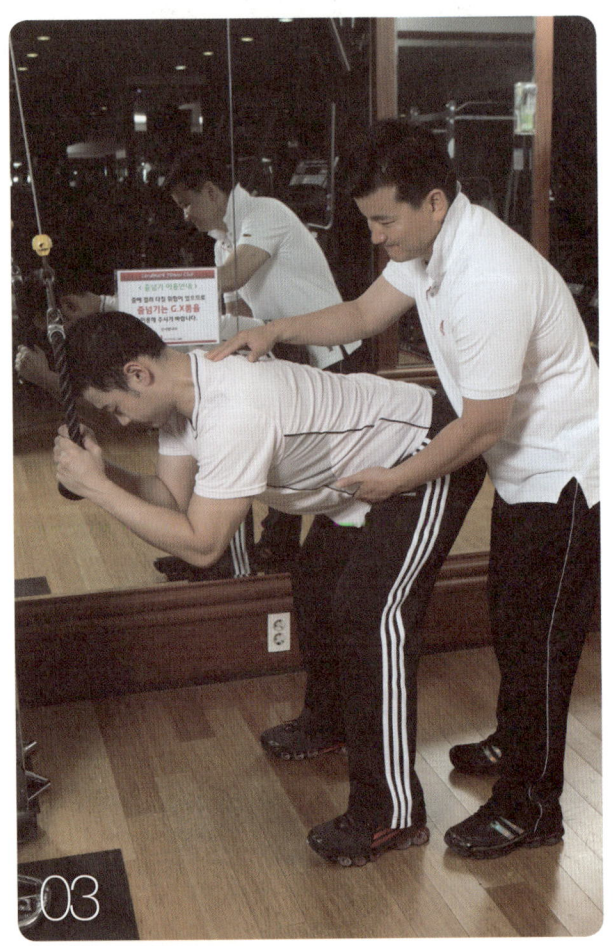

② 카프레이즈

- 무릎이 구부러지지 않도록 하고 발꿈치를 들어 올려 발을 편다.
- 발을 바깥쪽으로 놓으면 내비복근이, 발을 안쪽으로 놓으면 외비복근이 발달한다.
- 발밑에 받침대를 대거나 받침대 없이 바벨만으로 할 수 있다.
- **Key Point**_ 종아리를 최대한 펴서 머리를 천장으로 올린다는 느낌이 중요하다.

01

PASCHIMOTTANASANA
SITTIONG FORWARD BEND POSE

집중력을 위한 필라테스 트레이닝
앉아서 상체 앞으로 구부리기

GOLF PILATES

마시고

01

내쉬고

02

시작 자세
양다리로 무릎을 꿇고 앉는다.

호흡 & 동작
상체를 앞으로 숙여 이마를 바닥에 댄다. 양팔은 앞으로 쭉 편다. 엉덩이가 뒤꿈치에 닿도록 하고, 척추를 늘려 온 몸의 힘을 빼고 긴장을 늦춘다. 편안하고 깊은 호흡을 하며, 등, 허리, 골반이 이완되도록 한다. 심신이 안정되는 것을 느낀다. 상체를 일으킬 때는 엉덩이를 뒤꿈치에 붙인 채로 목과 어깨의 힘을 완전히 푼 상태에서 척추를 순차적으로 굴려 올린다. 마지막에 머리를 들어올린다.

주의사항
어깨와 척추부분에 불필요한 긴장을 갖지 않도록 한다. 복부비만이거나 무릎손상이 있을 경우 이 자세를 피하도록 한다.

 **포커스 & 키포인트**
몸의 긴장과 피로를 풀어주며, 요통과 고관절의 통증을 완화하여 골프 라운딩 전·후에 실시하면 좋다.

03

GOLF PILATES 02

PASCHIMOTTANASANA
SITTIONG FORWARD BEND POSE

집중력을 위한 필라테스 트레이닝
짐 볼에 누워 호흡하기

마시고

01

내쉬고

02

시작 자세
짐 볼에 허리를 곧게 펴고 앉아 다리는 골반넓이로 벌리며, 발을 매트에 내려 놓는다.

호흡 & 동작
숨을 들이마시고 내쉬며 앞으로 걷듯 양발을 움직여 볼을 굴리면서 상체를 볼에 눕힌다. 양다리를 직각이 되도록 하며, 마시는 호흡에 양팔을 쭉 펴서 머리 뒤로 넘길 때 양다리의 무릎도 편다. 전신을 늘려 깊은 호흡과 함께 이완한다. 깊은 호흡과 함께 심신이 편안히 이완되는 것을 느끼며, 잠시 머문다. 내쉬는 호흡에 양팔은 몸통 옆으로 두고, 다리는 뒤로 걷듯 볼을 굴려 상체를 둥글게 말아 올리듯 일으켜 세워 원위치로 돌아온다.

주의사항
어깨의 통증이 느껴질 경우 과하게 팔을 넘기지 않으며 볼 위에 둔다.
균형을 잘 잡지 못할 때에는 무릎을 모두 펴지 않는다.

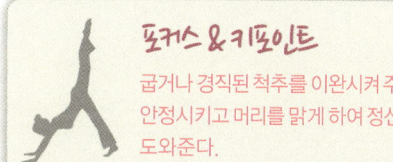

포커스 & 키포인트
굽거나 경직된 척추를 이완시켜 주며, 마음을 안정시키고 머리를 맑게 하여 정신 집중을 도와준다.

03 마시고

제3장 실전 라운딩 기술

제4장
골프 스윙을 위한 스페셜 트레이닝

필라테스를 통한
유연성 향상 프로그램

골프 스윙에 있어 동작 범위의 반경 문제는 굳거나 약해져 움직임에 제한을 주는 근육의 활동문제로 인해 발생된다. 여러 근육군들이 협응하여 일어나는 동작에 있어 어느 한쪽 근육의 단축은 다른 근육의 움직임을 방해함으로 밸런스가 무너지고, 제한된 움직임과 함께 더 나아가 운동 상해를 동반할 수 있다. 따라서 평상시 골프 게임을 위해 준비된 스트레칭은 부드러운 스윙과 더불어 안정된 밸런스를 잡을 수 있는 감각을 키워 줄 것이다. 또한, 상해를 예방할 수 있는 기본이 되며, 제한되었던 동작의 범위를 좀더 확장하는데 도움이 될 것이다. 다음의 유연성 향상 프로그램을 꾸준히 수행하여 골프에 필요한 각 부분 근육의 유연성을 향상시키자.

 P136
 P74
 P27
 P35

 P25
 P24
 P143
 P149

 P145
 P147

필라테스를 통한
스탠스, 코어 향상 프로그램

우리가 일상에서 사용하는 모든 힘이 발생하는 몸의 중심(복부, 등허리, 엉덩이)을 코어라고 한다. 이 코어는 모든 힘과 운동성이 발생하는 곳이며, 몸의 균형을 잡고 밸런스를 유지하는데 매우 중요한 역할을 한다. 모든 스포츠에 있어 코어를 중심기초로 하여 역동적인 동작이 연출되어진다고 생각하면 된다. 따라서 코어 프로그램을 이용하여 몸의 축인 어깨로부터 엉덩이까지 바른 자세를 찾아 탄력적으로 강화를 시킴으로써 몸통(어드레스. 스윙의 전체적인 모양)의 안정성을 갖게 될 것이다. 이러한 몸통의 안정성은 자연스러운 동작으로 연결되어 몸의 에너지를 효율적으로 사용할 수 있는 파워풀한 스윙을 완성하는 원천이 된다. 다음의 프로그램을 활용하여 코어를 단련시키자.

웨이트를 통한
스탠스, 코어 향상 프로그램

앉았다 일어나기(Squat)
선 자세에서 팔짱 낀 손을 앞으로 모은 뒤 약간 엉덩이를 뒤로 빼면서 주저앉는다. 허벅지가 수평이 될 때까지 내려갔다 다리의 힘을 이용해 올라온다.

복부/몸통운동(Leg Raise): 하복부 (누워서 다리 들어올리기, 앉아서 다리 들기)
허리회전운동을 골고루 해줘야 한다. 골프 스윙 시 힘의 근원은 몸통회전에서부터 시작된다. 단단히 고정된 하체를 베이스로, 꽉 조여진 몸통이 풀리는 회전력이 강할수록 비거리는 늘어난다.

몸통 비틀어 올리기 (Obli Que Situp)
누운 상태에서 한쪽 복사근(배 측면 근육)을 이용해 상체를 반대편 무릎 쪽으로 비틀어 일으킨다.

엎드려서 다리 올리기 (Reverse Leg raise)
엎드린 상태에서 다리를 편 채 올렸다 내리기를 반복한다.

등 근육 운동 (Back Extensim)
엎드린 상태에서 엉덩이와 허리를 이용해 상체를 최대한 위로 젖힌다.

아령 들어올리기 (Stiff-legged Dead lift)
무릎을 편 채 서서 허리를 구부려 아령을 들어 올린다. 가슴을 펴고 허리는 자연스러운 곡선을 유지해야 한다.

필라테스를 통한
로테이션 프로그램

4

골프는 회전력의 운동이다. 따라서 허리 회전운동이 기본 동작임은 널리 알려진 사실이다. 그러나 일상적인 습관이나 노화로 척추의 균형이 무너지고 회전의 제한을 가져오게 되면, 어깨나 고관절, 팔의 과 사용으로 어색한 움직임이 만들어지고, 자칫 상해로 이어질 수도 있다. 따라서 평소 로테이션 프로그램을 적용하여 척추의 유연성과 기능을 향상시켜 주변근육을 강화하고, 이를 통해 코일링으로 이루어진 파워풀한 스윙의 기본 토대를 만들어 비거리를 늘려보자.

P74

P35

P77

P45

P143

P157

P163

P56

P145

P149

제4장 골프 스윙을 위한 스페셜 트레이닝

필라테스를 통한
어깨 턴 향상 프로그램

골프에 있어 중요한 요소로써 바디 턴과 중심이동을 들 수 있다. 바디 턴에서 특히 중요한 것이 숄더 턴인데, 그 핵심은 어깨가 회전함에 있어 하체의 근간인 무릎이 펴지거나 옆으로 밀리지 않도록 안정적으로 하체를 단단히 잡아주는 역할이 더 중요하다. 또한, 어깨의 회전은 허리의 회전으로부터 부드럽게 이루어져야 하므로 로테이션 프로그램과 더불어 숄더 턴 프로그램을 적용하여 과감한 어깨 회전으로 힘 있는 스윙에 도전해 보자.

P136

P139

P27

P76

P151

P56

P55

P85

P101

웨이트를 통한
힙 턴 향상 프로그램

장타를 위한 마지막 과정은 원활한 힙 턴이다. 힙 턴 시 왼쪽 힙과 허벅지가 잘 버텨 주어야 효과적인 회전을 이루어 낼 수 있는데, 이를 위해서는 고관절 주변 근육의 유연성과 함께 강한 근력이 요구된다. 힙턴 프로그램을 꾸준히 연습하여 파워풀하면서 안정적인 스윙의 마지막 단계를 완성해 보자.

프런트 런지(고관절 및 허벅지를 위한 운동)
스쿼트와 같이 바벨을 승모근 위에 올리고 다리를 적당히 벌려 선다. 숨을 들이마신 다음, 몸을 최대로 곧게 유지하며, 한쪽 발을 앞으로 내민다. 이때 대퇴부는 수평이나 수평보다 약간 위로 오게 하여 안정시킨다. 처음 자세로 돌아가면서 숨을 내쉰다.

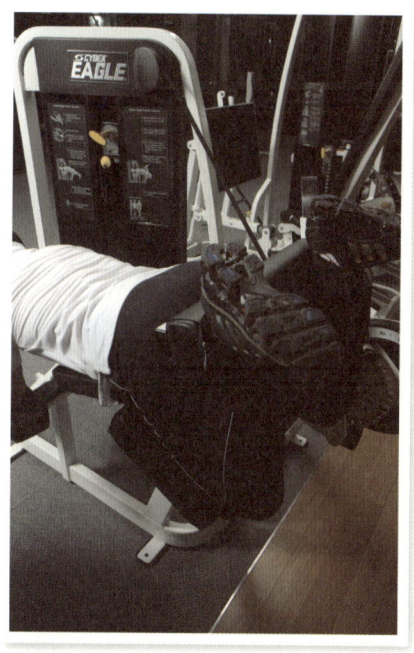

라잉 레그 컬(햄스트링을 위한 운동)
배를 기구에 대고 누워 손잡이를 잡은 후 다리를 쭉 펴고 발목을 고정시킨다.
숨을 들이마시고 대퇴부는 그대로 둔채, 발꿈치가 엉덩이에 닿을 정도로 다리를 올린다. 숨을 내쉬면서 시작자세로 되돌아간다.

필라테스를 통한
중심이동 향상 프로그램

7

골프를 칠 때 체중 이동을 잘하기 위해서는 균형을 잡고, 밸런스를 유지할 수 있는 감각을 키우는 것이 매우 중요하다. 평지가 아닌 필드에서의 예측할 수 없는 상황에서 균형을 잡고 정확한 스윙을 위한 중심이동을 위해서는 꾸준히 밸런스를 향상시키는 운동을 실행해야 한다. 중심이동 프로그램을 적용하여 몸의 협응과 조절 능력, 균형감각을 키우자.

웨이트를 통한
중심이동 향상 프로그램

수파인 힙리프트 (힙강화운동) 무릎을 구부리고 바닥에 누워 손바닥을 쭉 펴서 팔을 바닥에 붙인다.

숨을 들이마신 다음 발에 힘을 주고 엉덩이를 들어올린다.

그 자세를 잠시 유지한 다음 엉덩이가 바닥에 닿지 않을 만큼만 내리고 숨을 내쉰 후 다시 시작한다.

레그프레스 (무릎강화운동) 발을 적당히 벌린 다음 등받이에 등을 잘 고정시키고 기구에 앉는다.

숨을 들이마신 후 무릎을 가슴 쪽으로 굽힌다. 처음 자세로 되돌아가면서 숨을 내쉰다.

허리가 아픈 사람은 스쿼트보다 이 운동을 하는 것이 좋다. 등과 엉덩이를 기구에서 떼면 안된다.

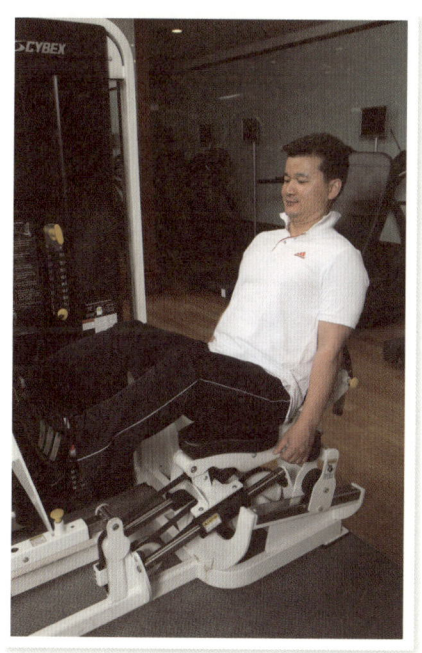

레그프레스 (무릎강화운동)

수파인 힙리프트 (힙강화운동)

제5장
골프 트레이닝 완성 프로그램

1주 프로그램

웨이트 트레이닝

체스트 프레스 (15 x 1set)

숄더 프레스 (15 x 1set)

랫 풀 다운 (15 x 1set)

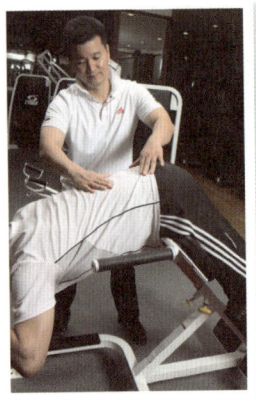
백 익스텐션 (15 x 1set)

케이블 바이셉 컬 (15 x 1set)

레그 익스텐션 (15 x 1set)

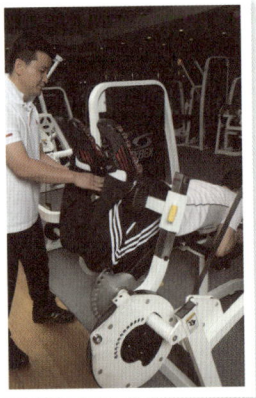
레그 컬 (15 x 1set)

팝업 리스트 컬 (15 x 1set)

싯업 (25 x 2set)

4주 프로그램

웨이트 트레이닝

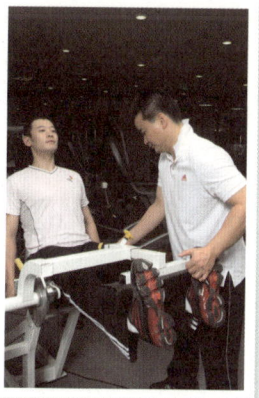
레그 익스텐션 (15 x 1set)

시티드 카프레이즈 (15 x 3set)

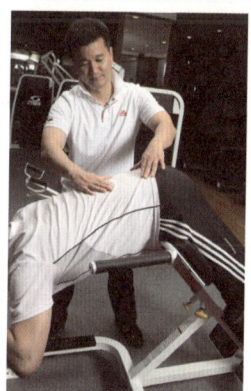
백 익스텐션 (15 x 1set)

스쿼트 (12 x 2set)

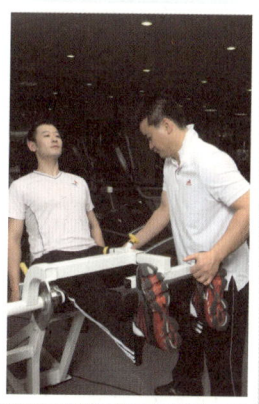
레그 익스텐션 (12 x 2set)

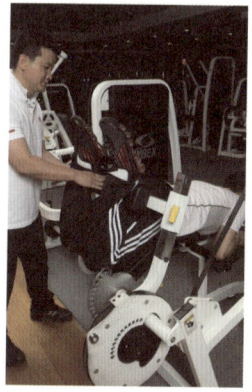
레그 컬 (12 x 2set)

팜다운 리스트 컬 (25 x 2set)

팜업 리스트 컬 (25 x 2set)

싯업 (12 x 2set)

8주 프로그램

웨이트 트레이닝

스쿼트 (12 x 3set)

레크익스텐션 (12 x 3set)

라잉 레그컬 (12 x 3set)

시티드 카프레이즈 (15 x 3set)

스탠딩 바이셉스 컬 (12 x 3set)

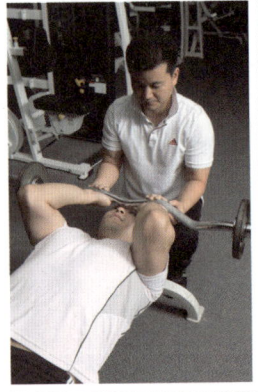
라잉 트라이셉스 익스텐션 (12 x 3set)

바벨 리스트 컬 (20 x 3set)

롱풀 (12 x 3set)

싯업 (25 x 3set)

1주 프로그램

 필라테스 트레이닝

 P136
 P74
 P76
 P139

 P149
 P161
 P77
 P24

P34　　　P25　　　P84　　　P145

 P147
 P101
 P141
 P106

4주 프로그램

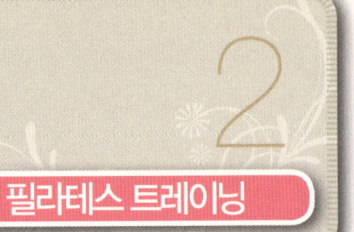
필라테스 트레이닝

P136

P27

P35

P149

P157

P143

P24

P34

P153

P161

P54

P55

P65

P64

P145

P147

P36

P85

P101

P106

8주 프로그램

필라테스 트레이닝

P24

P77

P151

P154

P65

P165

P46

P149

P56

P67

P45

P65

P91

P92

P159

P163

P94

P100

P106

제6장

집안에서 할 수 있는 특별한 재활 프로그램

필라테스를 통한 재활 프로그램

아마추어 골퍼들에게 가장 많은 부상부위는 허리, 팔꿈치, 손목 순으로 나타나고 있다. 이는 운동 중 반복적으로 과도하게 사용하거나 잘못된 스윙, 일시적인 뒤땅과 같은 충격, 사용부위 근육의 힘이 약할 때 등과 같은 요인들이 원인이 된다. 따라서 준비 없이 골프 운동을 시작하기보다는 좀 더 자주 사용되거나 강화해야 하는 근육과 관절을 신경 써서 관리한다면 운동으로 인한 상해를 미연에 방지할 수 있을 것이다.

또한, 모든 골퍼는 라운딩 전 불충분한 스트레칭으로 신체의 조직을 활성화 시키지 못한 경험을 했을 것이다. 이러한 현상이 곧 부상과 샷 실패로 흔히 나타나게 된다.

뿐만 아니라 골퍼들이 라운딩 후 정리운동 없이 라운딩을 마치는 현상도 종종 볼 수 있다. 라운딩 후의 스트레칭 동작은 근육의 피로물질을 빠르게 제거하고, 잘못된 자세로 인한 통증 및 경직을 완화시키므로 반드시 해야 할 운동이다.

골프는 신체의 여러 부분을 활용한 전신 운동이므로, 미리 해야 할 운동, 라운딩을 끝내고 해야 할 운동 등 여러 가지 스트레칭 및 보조운동을 필수적으로 해야만 한다는 것을 강조하면서 재활 프로그램과 생활 속 운동을 위의 프로그램들과 더불어 실시하기 바란다.

 P74
 P76
 P139
 P77

P24 P25  P27  P34

 P35
 P65
 P54
 P55

 P84
 P141
 P143
 P149

 P161
 P163
 P106

간단한 소품을 이용한 골프 스윙의 효과적 연습 방법

2

휘트니스 센터나 집안에서 손쉽게 이용할 수 있는 도구 중 짐볼, 덤벨, 줄 등을 이용해서 스윙의 형태를 반복 연습하면 근육의 기억에 도움을 줄 뿐만 아니라 유연성 향상에 큰 도움을 준다.

연습 스윙은 실제스윙보다 리듬과 형태가 중요하므로 도구를 이용한 연습스윙은 좋은 스윙을 위한 마지막 단계라고 할 수 있다.

트레이닝을 시작하기 전과 마치고 나서 정리운동을 사진과 같이 한다면, 좋은 마무리 동작이라 할 수 있다.

덤벨

토구

줄

제7장

골프 실력을 향상시켜주는 음식섭취 및 필라테스 부분 동작들

골프 전후, 그리고 골프라운딩 중에 어떤 음식을 어떻게 먹느냐는 골프를 잘 치기 위한 조건이 될 수 있다. 조그만 난조에도 컨디션이 깨져 정신적인 영향으로까지 이어져 플레이를 망치는 일이 없도록 최상의 컨디션을 위한 균형 잡힌 영양공급으로 좋은 스코어를 기록할 수 있도록 해야 한다.

골프는 최소 4-5시간 이상, 8-9km 이상을 걸어 다니는 중·장기적인 소모 운동이다. 따라서 오랜 시간 체력이 요구되며, 운동을 통해 소비된 열량과 체구성 성분을 보충하여야 한다. 이를 위해 컨트리클럽에선 라운딩 중간에 그늘 집이란 곳에서 영양을 보충할 수 있도록 18홀 안에 2-3개의 그늘 집이 위치해 있다. 따라서 그늘 집을 적당한 음식 섭취를 통해 에너지를 충전할 수 있는 곳으로 십분 활용하도록 하여야 한다. 또한, 골프란 운동은 어느 한 순간, 한 곳에서 한 눈을 팔거나 정신 집중을 안 한다면, 금방 스윙에 영향을 미쳐 스코어에 부담을 주게 된다. 그러므로 그늘 집에서 따뜻한 음료나 초콜릿 등 칼로리가 높은 음식을 섭취하는 것이 피로도 줄이고, 집중력을 높이는데 도움을 준다.

골프는 2주전 부킹으로 컨디션을 조절 할 수 있도록 미리 기회를 주는 운동이다.

하지만 막상 바쁜 일상 생활로 골프 약속에 최상의 컨디션으로 임하는 골퍼들은 드물다.

또한 새벽골프와 아침골프는 그 전날의 수면과도 밀접한 관련이 있어서, 대부분의 예민한 사람들은 충분한 휴식을 취하지 못하고, 긴장된 상태에서 골프장에 나오곤 한다.

그리고 이른 시간과 저녁 늦게까지 대략 1시간에서 2시간 사이에 장거리 운전까지 해야 하는 등 여러 가지 여건상, 골프의 체력적인 요소와 음식은 골퍼와 뗄래야 뗄 수 없는 관계이기에 최소한의 영양관리에 주의할 필요가 있다.

많은 사람들은 골퍼의 드라이버 거리의 수치를 중요하게 여기지만, 그것을 만들어내는데 기여하는 영양적인 측면을 가볍게 생각하고, 소홀히 하는 경향이 있다.

그 전날 밤새 술 마시고 라운딩 하는 경우, 라운딩 시간에 쫓겨 아침식사는 거르고 커피 한 잔이나 우유 한 잔으로 라운딩을 시작하는 경우, 또는 아침을 먹지 않는 습관 때문에 아예 굶기도 하는 경우 등 골프를 잘 칠 수 없는 상황을 스스로 만들고 있다. 그러므로 좀 더 주의를 기울여 골프 라운딩 전 지구력과 집중력을 위해 탄수화물, 지방, 단백질을 적절한 배합으로 섭취하여 최소한의 먹거리에 대한 노력을 시작해 보면 어떨까 생각한다.

아침식사는 탄수화물 위주로 고단백이나 고지방은 피하는 것이 좋으며, 경기 30분 전에 식사를 마치는 것이 좋다.

라운딩 전날에는 오메가3 지방산이 많은 고등어구이와 같은 등 푸른 생선을 먹으면 어깨근육, 등 근육 등, 근육을 갑자기 사용할 때 나타나는 염증을 예방할 수 있는 효과가 있고, 라운딩 중간에는 탄수화물이 포함되어 있는 바나나를 섭취하는 게 골프라운딩에 가장 좋다고 미국의 한 식품영양잡지에서 발표되기도 했다. 그리고 중간 중간에 견과류와 초콜릿 같은 간식을 먹음으로써 바로바로 에너지로 전환되는 효소의 도움을 받아 근육의 피로도를 낮출 수 있는 효과가 있다. 그리고 운동 중엔 땀을 많이 흘려 전해질이 빠져 나갈 수 있으므로 스포츠음료나 물을 자주 마셔 컨디션을 조절한다.

라운딩 후에는 많은 열량이 소모되었으므로 고열량 음식을 섭취하는 것이 좋으며, 과일과 채소를 섭취하면서 부족한 비타민과 미네랄을 보충함으로써 기력을 회복하는 데 도움을 줄 수 있다.

흔히들 라운딩 후에는 골프장 주변 맛 집을 찾게 되는데 이는 체력을 회복하고 맛있는 음식으로 긴장했던 심신을 풀기 위해서이며, 이러한 이유로 골프장 주변에는 많은 음식점들이 즐비하다.

+ 골프라운딩에 도움이 되는 음식
탄수화물 호밀빵, 통밀, 현미
단백질 자연산 연어, 고등어, 새우, 홍합, 돼지고기 살코기, 쇠고기, 검은콩 등
지방 올리브유, 호박씨, 호두, 아몬드 등
음료 물, 녹차 홍차 등

+ 라운드 전 먹으면 좋은 음식
오메가 3 지방산이 많은 고등어구이(그림), 푸른생선(그림), 야채, 신선식품들

+ 라운드 중 먹으면 좋은 음식
바나나, 견과류, 스포츠 음료(그림), 초콜릿

+ 라운드 후 먹으면 좋은 음식
고열량 소갈비, 오리, 흑염소(그림)
과일, 채소, 자양강장제 등 원기회복식품들

프로그램에 들어가는 부분 동작들
목 근육 스트레칭하기

● **포커스&키포인트**_ 목 주변의 이완은 어깨 턴의 범위를 증가시켜 스윙 후 머리의 위치가 안정되도록 도와준다. 또한 목 스트레칭은 머리와 허리의 순환을 도와줌으로 집중력 향상에도 효과가 있다.

01 숨을 들이마시고 내쉬며 오른쪽을 바라본다. 마시며 중앙, 내쉬며 왼쪽을 바라본다. 호흡과 함께 3~5초간 충분히 턱선을 밀어 보낸다.

02 내쉬는 호흡에 오른쪽 어깨 쪽으로 머리를 기울여 3~5초간 유지한다. 마시며 중앙, 내쉬는 호흡에 왼쪽 어깨쪽으로 머리를 기울인다.

03 오른손으로 머리를 살짝 잡고 숨을 들이마시고 내쉬는 호흡에 오른쪽 앞 사선으로 숙여 뒤쪽을 늘려준다. 3~5초간 늘린다. 반대쪽도 이완한다. 각 2~3회 실시.

프로그램에 들어가는 부분 동작들
손목 스트레칭

● **포커스&키포인트**_ 손목의 유연성과 조절능력은 피칭샷에 도움을 주며, 손목 스트레칭은 손목의 통증을 해소하며 유연성을 향상시키므로 골프 수행 전·후에 실시하여 자주 발생하는 손목의 상해를 미연에 예방하도록 한다.

01 양팔을 어깨 높이에서 왼쪽 손등이 가슴 앞을 향하게 하고 오른손을 그 앞에 포갠다.

02 마시고 내쉬는 호흡에 왼쪽 손바닥으로 오른쪽 손바닥을 밀면서 열을 센다.

03 이번에는 오른팔을 들어 어깨 높이에서 손끝이 아래쪽을 향하도록 떨어뜨리고 왼손으로 오른쪽 손등를 잡고 마시고 내쉬면서 안으로 당기고 열을 센다. 각 5회 실시. 반대쪽으로도 실시한다.

프로그램에 들어가는 부분 동작들
내전 근육 스트레칭

● **주의사항**_ 허리에 무리가 가거나 아픈 경우 절대로 상체를 많이 들지 않는다. 또한, 목이 뒤로 과하게 넘어가지 않도록 하여 척추의 기울기를 유지한다. 골반은 바닥 쪽으로 눌러 허벅지 내전근육이 이완되는 것에 집중한다. 또한 어깨를 위로 올리거나 뒤로 밀리지 않도록 신경쓴다.

01 매트에 엎드려서 왼쪽 다리는 직각이 되도록 구부려 당기고, 양팔은 구부려 어깨 옆에 나란히 둔다.

02 마시고 내쉬는 호흡에 상체를 들고 양 팔꿈치를 바닥에 닿아 있도록 한다. 이때 어깨가 올라가지 않도록 하며, 동작을 실시한다.

03 좀 더 여유가 된다면 팔꿈치를 펴 상체를 조금 더 들어 올린다. 호흡과 함께 45초~1분간 자세를 유지하며, 이완한다. 반대쪽도 한다.

프로그램에 들어가는 부분 동작들
옆으로 누워 상체 돌리기

● **주의사항_** 동작을 하는 동안 목주변이 긴장되지 않아야 하며, 척추가 굽지 않도록 바르게 늘려서 회전시킨다. 골반의 위치는 고정된 상태에서 시선과 함께 상체를 뒤로 넘긴다. 뒤로 넘길 때 어깨가 뒤로 빠지지 않도록 하여 움직인다. 상체가 회전하는 만큼만 보낸다.

01 오른손은 머리를 받쳐 주고 옆으로 누워 다리는 직각이 되도록 구부려 당겨 둔다. 왼팔은 앞으로 쭉 편 상태로 두며, 골반도 앞을 향하도록 하여 고정해 둔다.

02 숨을 들이마시며 왼팔을 천정쪽으로 들어 어깨 안쪽을 늘린다.

03 내쉬는 호흡에 상체를 왼쪽 방향으로 돌린다. 어깨가 빠진 듯한 느낌으로 돌리지 않도록 하며 몸통과 함께 움직인다. 이때 골반의 위치는 변하지 않으며, 마시고 내쉬면서 원위치로 돌아온다. 각 3~4회 실시.

프로그램에 들어가는 부분 동작들
허리 스트레칭

● **주의사항**_ 척추에 무리가 있거나 아프면 동작을 삼간다. 상체는 옆으로만 움직이며 앞으로 등이 굽거나 허리가 휘어지지 않도록 한다. 가능한 범위 내에서 움직여 차츰 가동성을 늘린다.

01 왼쪽 무릎은 구부려 바닥에 대고, 오른쪽 다리는 옆으로 뻗고 몸을 바로 세운다. 이때 왼쪽 무릎과 오른발은 같은 선상에 둔다. 양팔은 어깨 높이에서 옆으로 편다.

02 마시고 내쉬는 호흡에 오른쪽으로 상체를 기울이며 오른손은 오른쪽 다리위에 두고 왼팔은 위 사선으로 최대한 뻗는다. 옆선을 충분히 늘리면서 30초 유지한다.

03 마시며 원위치로 돌아와 내쉬는 호흡에 왼쪽으로 기울인다. 왼손은 매트에 두고, 이번엔 오른팔을 위 사선으로 쭉 늘린다. 30초간 유지한다. 각 2~3회 실시.

프로그램에 들어가는 부분 동작들
대퇴근 앞 · 뒤 늘이기

● **주의사항**_ 앞·뒤로 동작 시 골반이 좌·우로 틀어지지 않도록 중립을 유지해야 하며, 가능하면 등줄기를 늘려 펴고 골반 주변의 움직임과 허벅지에 집중한다. 차츰 차츰 범위를 키워 나가고, 처음부터 무리해서 누르지 않는다.

01 오른쪽 다리는 앞으로 구부려 세우고, 왼쪽다리는 구부려 무릎을 매트에 내려 놓는다. 양손은 바닥을 짚는다.

02 마시고 내쉬는 호흡에 왼쪽 대퇴앞쪽과 고관절을 아래로 지그시 누른다. 5초간 머문다. 마시는 호흡에 돌아온다.

03 내쉬는 호흡에 골반을 뒤로 밀어 오른쪽 무릎을 펴면서 발목을 당긴다. 햄스트링과 종아리를 최대한 늘린다. 호흡하면서 5초간 유지한다. 각 3~5회 실시.

프로그램에 들어가는 부분 동작들
공처럼 몸 굴리기

7

- **포커스&키포인트**_ 척추의 움직임이 제한되거나 자연스러운 커브의 균형이 깨진 경우에 척추의 유연성 향상에 도움이 된다.
- **주의사항**_ 척추 측만이 있어 통증이 느껴지는 사람은 절대로 하지 말아야 한다. 복부의 긴장 상태는 유지하고, 어깨와 목주변은 편안한 상태에서 힘이 들어가지 않도록 한다.

01 두 무릎을 구부려 세워 양손은 무릎 옆을 잡고, 복부를 최대한 당겨 상체를 공처럼 둥글게 척추를 늘린다.

02 다리와 상체의 공간을 유지하면서 코어에 힘이 들어간 상태에서 척추는 최대한 둥글게 유지하여 보낸다.

03 목은 바닥에 닿지 않도록 하여 마시는 호흡에 뒤로 굴리고, 내쉬는 호흡에 원위치로 되돌아온다. 10회 실시.

프로그램에 들어가는 부분 동작들
누워서 어깨 돌리기

● **주의사항_** 팔을 들어 돌리는 동안 흉곽이 들리거나 허리가 휘지 않도록 해야하며, 어깨관절 뒤쪽의 움직임에 집중하며 동작을 수행한다. 골프 스윙시 견관절 주변 안정에 도움을 준다.

01 매트에 누워 양 다리는 골반넓이로 하여 무릎을 세우고 양팔은 몸통 옆에 가지런히 둔다.

02 마시는 호흡에 양팔을 가슴 앞으로 들어 머리 위로 넘기고, 이때 흉곽이 매트에서 들어 올려지지 않도록 한다.

03 내쉬는 호흡에 복부를 최대한 수축하며, 양팔은 원을 그리듯 머리 위에서 몸통 쪽으로 끌어 내린다. 견갑골 뒤쪽으로 안정감이 느껴지도록 팔을 천천히 돌려야 한다. 각 5회 실시.

프로그램에 들어가는 부분 동작들
한쪽 다리 스트레칭

● **주의사항**_ 다리가 움직이는 동안 상체는 고정되어 있어야 하며, 다리는 길게 늘리듯 뻗어준다. 코어에 강한 힘을 느끼며 동작한다. 또한, 턱을 앞으로 밀거나 너무 당기지 않는다. 상체를 들어 목이나 어깨에 힘이 많이 들어가는 사람은 매트에 누운 상태에서 실시한다.

01 매트에 누워 양다리는 직각이 되도록 들고, 상체는 턱을 살짝 당겨 들어 올린다.

02 내쉬는 호흡에 복부를 움푹하게 집어넣고, 오른쪽 다리를 위 사선으로 뻗는다. 양손은 무릎 앞에서 모은 상태를 유지한다.

03 마시고 내쉬며 다리를 바꾸어 왼쪽 다리를 위 사선으로 뻗는다. 5~10세트 실시.

프로그램에 들어가는 부분 동작들
두 다리 돌리기

● **주의사항**_ 다리를 돌리는 동안 골반이 움직이지 않도록 하며 복부를 당겨 코어에 힘을 준다. 어깨와 팔로 바닥을 누르지 않도록 하고, 무릎을 완전히 펴기 힘들 경우 살짝 구부려서 동작을 실시한다. 처음에는 원을 작게 만들고, 차츰 늘려간다.

01 매트에 누워 다리를 위로 곧게 뻗는다. 양팔은 몸통 옆에 둔다.

02 숨을 들이마시고 내쉬면서 복부를 움푹하게 수축하며, 양다리로 원의 반을 그린다.

03 마시는 호흡에 나머지 반을 그리며 원위치로 돌아온다. 이때 엉덩이가 매트에서 떨어지지 않도록 하고 엉덩이를 조이며, 두 다리가 붙어있는 상태에서 원을 그린다. 3~5회 실시.

프로그램에 들어가는 부분 동작들
상체 비틀기

● **포커스&키포인트_** 복부와 어깨관절의 안정화에 도움이 되며, 척추의 회전감각과 복부 근력을 향상시켜 스윙에 도움을 준다.

01 다리는 골반넓이보다 좀 더 넓게 하여 앞으로 뻗어 발등은 몸통 쪽으로 당기고, 허리는 곧게 편다. 양팔은 어깨높이로 옆으로 편다.

02 마시는 호흡에 상체를 오른쪽으로 돌리는데 이때, 하체는 매트에 단단히 고정해둔다.

03 내쉬는 호흡에 왼손을 오른발 쪽으로 향하여 상체를 깊이 숙이는데 시선은 무릎을 바라본다. 마시는 호흡에 복부부터 들어 올리고, 내쉬는 호흡에 중앙으로 돌아온다. 반대쪽도 한다. 4~8회 실시.

프로그램에 들어가는 부분 동작들
무릎 구부렸다 펴기

12

● **주의사항_** 동작이 이루어질때 몸이 흔들리지 않도록 복부를 최대한 당기고 척추를 바로 세워 코어를 활성화 시킨다. 양팔은 어깨가 올라가지 않도록 하여 옆으로 길게 늘리며 동작한다. 동작이 힘들 경우 움직임의 범위를 작게, 다리 보폭을 좁게 하여 시작한다.

01 오른쪽 다리는 구부려 앞으로 세우고, 왼쪽 다리는 구부려 무릎을 매트에 대고 발끝은 세우며, 양손은 무릎 위에 두고 준비한다.

02 마시고 내쉬는 호흡에 복부를 당겨 척추를 바로 세우고, 양팔은 어깨높이로 뻗어 왼쪽 무릎을 바닥에서 띄운다.

03 마시는 호흡에 양쪽 무릎을 둘 다 펼 때 무릎과 허벅지, 코어에 힘이 들어가도록 한다.

04 내쉬는 호흡에 무릎을 구부리는데, 이때, 고관절과 왼쪽 대퇴사두근이 이완되도록 지긋이 매트쪽으로 누른다. 각 8회 실시.

프로그램에 들어가는 부분 동작들
상체 들기

- **포커스&키포인트**_ 어깨의 안정화와 복부, 체간의 힘을 키워 상체 움직임의 기본이 된다.
- **주의 사항**_ 동작 수행 시 골반을 몸통 쪽으로 당기거나 움직이지 않는다. 턱을 위로 밀어 불필요한 목의 긴장을 유발하지 않도록 하여 견관절까지만 들어 올린다.

01 매트에 누워 양 무릎은 세우고, 허리의 자연스러운 라인을 유지하여 양팔은 머리 위에서 밴드나 클럽을 잡고 준비한다.

02 마시는 호흡에 양팔을 천정으로 들어 올릴 때 허리의 라인을 유지하여 바닥에 누르지 않는다.

03 내쉬는 호흡에 상체를 들어 팔을 아래로 내리고, 시선은 무릎을 바라본다. 이때, 복부를 움푹하게 당기고, 등줄기에도 힘이 들어가도록 한다. 마시고 내쉬면서 상체를 매트에 내린다. 8~10회 실시.

프로그램에 들어가는 부분 동작들
무릎 꿇고 손으로 발목잡기

14

● **포커스&키포인트**_ 굽은 등과 어깨로 인해 스윙에 제한 받는 사람들에게 좋은 동작이며, 몸을 바로 펴 등과 어깨의 유연성과 균형감각을 키우는데 도움을 준다.

01 양손은 바닥에 두고 양 무릎을 꿇고 엎드려 엉덩이와 정수리가 일직선이 되도록 척추를 곧게 편다.

02 척추의 상태를 바르게 유지하면서 왼쪽다리의 허벅지를 엉덩이 위치까지 위로 올리고, 오른쪽 정강이를 안쪽으로 당겨 균형을 잡는다. 이때, 골반은 한쪽으로 기울거나 처지지 않게 한다.

03 오른손으로 왼발을 잡고 마시는 호흡에 팔을 쭉 뻗어 가슴을 활짝 펴며, 몸을 아치 모양으로 만든다. 이때, 골반은 중립을 유지하고 어깨는 정면을 향하게 하여 호흡하며 30초간 유지한다. 각 2~4회 실시.

프로그램에 들어가는 부분 동작들
옆으로 누워 골반 들기

● **포커스&키포인트_** 골반과 흉곽이 바닥으로 처지지 않도록 코어에 힘을 주어 당겨 올리므로 척추 주변 근력이 강화된다. 동작 시 어깨관절 주변의 힘을 키워 어깨의 안정화를 가져 온다.

01 오른쪽 어깨 바로 아래에 팔꿈치를 두고 옆으로 누워 왼발은 오른발 앞으로 뻗고, 왼손은 몸통 앞에 둔다.

02 마시고 내쉬는 호흡에 복부를 당기며, 등허리를 바르게 펴 매트에서 골반을 든다. 흉곽이 아래로 밀리지 않도록 내쉬는 호흡에 최대한 당긴다. 귀, 골반, 발끝까지 일직선을 만든다. 마시는 호흡에 골반을 매트에 내린다. 각 5회 실시.

부록
골프 규칙

제1장 에티켓(Etiquette)

1. 코스에서의 예의(Courtesy on the Course)

1) 안전의 확인(Safety)

플레이어는 스트로크 또는 연습 스윙을 하기에 앞서 클럽으로 다칠만한 가까운 곳 혹은 스트로크나 연습 스윙으로 볼, 돌, 자갈이나 나뭇가지 등이 날아와 사람이 다칠만한 장소에 아무도 없는지를 확인해야 한다.

2) 다른 플레이어에 대한 배려(Consideration for Other Players)

오너인 플레이어는 상대방 또는 동반 경기자가 볼을 티 업하기 전에 플레이하는 권리가 인정된다. 플레이어가 볼에 어드레스 하거나 볼을 치고 있는 동안은 누구도 움직이거나, 말을 하거나, 볼 또는 홀의 근처나 바로 뒤에 서서는 안 된다. 누구도 전방의 조가 볼의 도달거리 밖으로 나갈 때까지는 볼을 쳐서는 안 된다.

3) 플레이 속도(Pace of Play)

모든 사람을 위하여 플레이어는 지체 없이 플레이 하여야 한다.

플레이어는 자신의 볼이 워터 해저드 밖에서 분실 혹은 아웃 오브 바운드가 될 염려가 있는 경우, 시간 절약을 위해 잠정구를 쳐야 한다. 볼을 찾다가 쉽게 찾지 못할 것이 분명해지면 곧 후속조에게 패스하도록 신호하여야 하며, 5분 이상 찾아본 후에 해서는 안 된다. 패스 받은 후속조가 볼의 도달거리 밖으로 나갈 때까지는 플레이를 재개해서는 안 된다. 한 홀의 플레이가 끝나면 플레이어는 즉시 퍼팅 그린을 떠나야 한다. 만일 어떤 조가 코스에서 지체하여 앞 조와의 간격을 완전히 한 홀 이상 비웠을 때는 후속 조를 패스시켜야 한다.

4) 코스의 선행권(Priority on the Course)

따로 정하지 않는 한 2구로 플레이하는 조는 3구 또는 4구의 조에 우선권을 가지며 패스할 권리도 갖는 바, 이에 응하여야 한다. 단독의 플레이어는 어떤 권리도 가질 수 없으며, 모든 조에게 양보하여야 한다. 1라운드보다 짧은 라운드를 하는 조는 1라운드 전부를 플레이하는 조를 패스시켜야 한다.

2. 코스의 보호(Care of the Course)

1) 벙커 내의 구멍(Holes in Bunkers)

플레이어는 벙커를 나오기 전에 자기가 만든 움푹 팬 곳이나 발자국을 모두 정성껏 평탄하게 골라 놓아야 한다.

2) 디보트(뜯겨진 잔디)
볼 마크(퍼팅 그린 위의 볼의 낙하로 인하여 파인 곳) 및 스파이크에 의한 손상의 수리(Replace Divots ; Repair Ball-Marks and Damage by Spikes)
플레이어 자신이 만든 디보트 자국과 볼에 의한 모든 퍼팅 그린의 손상을 정성껏 고쳐놓아야 한다. 한 조의 모든 플레이어가 그 홀의 경기를 마친 후 골프 신발에 의한 그 퍼팅 그린 위의 손상은 수리해야 한다.

3) 깃대, 백 등에 의한 그린의 손상
(Damage to Greens Flagsticks, Bags, etc.)
플레이어는 백 또는 깃대를 놓을 때, 퍼팅 그린을 상하지 않도록 주의하며 플레이어나 캐디가 홀의 가까이에 설 때 또는 깃대를 빼거나 꽂을 때와 볼을 홀에서 집어 낼 때 홀이 상하지 않도록 조심하여야 한다. 깃대는 퍼팅 그린을 떠나기 전에 홀의 중심에 제대로 세워야 한다. 플레이어는 특히 홀에서 볼을 집어 올릴 때 퍼터를 짚음으로써 퍼팅 그린을 상하게 하는 일이 있어서는 안 된다.

제2장 용어의 정의(Definitions)

1. 비정상적인 코스 상태(Abnormal Ground Conditions)
비정상적인 코스 상태란 캐주얼 워터, 수리지 또는 구멍 파는 동물이나 파충류, 새들에 의해 코스 상에 만들어진 구멍, 배설물, 통로를 말한다.

2. 어드레스(Addressing the Ball)
플레이어가 스탠스를 취하고 클럽을 지상에 대었을 때 '어드레스'한 것으로 친다. 다만, 해저드에서는 스탠스를 취한 때에 '어드레스'한 것이 된다.

3. 어드바이스(Advice)
어드바이스란 플레이어가 플레이의 결단, 클럽의 선택 또는 스트로크의 방법에 영향을 주는 조언이나 시사를 말한다. 규칙이나 공지사항, 예를 들면 해저드나 퍼팅 그린상의 깃대의 위치 등을 알리는 것은 어드바이스가 아니다.

4. 움직인 볼(Ball Deemed to Move)
정의 31 '움직인 볼' 참조

5. 홀에 들어간 볼(Ball Holed)
정의 22 '홀에 들어간 볼' 참조

6. 볼 로스트(Ball Lost)
정의 28 '분실구' 참조

7. 인 플레이의 볼(Ball in Play)
볼은 플레이어가 티잉 그라운드에서 스트로크를 하면 곧 인 플레이가 된다.

그 볼은 분실되거나 아웃 오브 바운드이거나 집어 올렸을 경우나 혹은 다른 볼로 교체되었을 경우를 제외하고 홀 아웃될 때까지 인 플레이 상태를 지속한다. 단, 교체구의 경우 그러한 볼의 교체가 허용 되든지 안 되든지에 상관없이 교체된 볼이 인 플레이의 볼이 된다.

8. 구멍 파는 동물(Burrowing Animal)
구멍 파는 동물은 토끼, 두더지, 마멋, 뒤쥐, 도롱뇽과 같이, 주거(住居)나 은신처를 위해 구멍을 파는 동물을 말한다.
-주 : 개와 같이 구멍 파는 동물이 아닌 동물이 만든 구멍은 수리지로 표시하거나 수리지로 선언하지 않는 한 비정상적인 코스 상태가 아니다.

9. 벙커(Bunker)
벙커라 함은 대개의 경우 오목한 지역으로 풀과 흙이 제거되고 그 대신 모래 또는 모래와 같은 것을 넣어서 지면에 조성한 구역으로 된 해저드이다. 벙커 안이나 가일지라도 풀로 덮인 부분은 벙커의 일부가 아니다. 벙커의 한계는 수직 아래쪽으로 연장될 뿐 위쪽으로는 아니다. 볼이 벙커 안에 놓여 있거나 볼의 일부라도 벙커에 접촉하고 있을 때는 벙커 안의 볼이다.

10. 캐디(Caddie)
캐디란 플레이 하는 동안 플레이어의 클럽을 운반 또는 취급하거나 본 규칙에 따라 플레이어를 원조하는 사람을 말한다. 공용의 캐디는 볼에 문제가 일어난 때 그 볼의 소유자의 캐디가 되며, 캐디가 가지고 있는 휴대품도 그 볼의 소유자의 것으로 간주한다. 다만 플레이어의 특별한 지시에 의하여 행동한 때에는 그 지시한 플레이어의 캐디로 간주한다.

11. 캐주얼 워터(Casual Water)
캐주얼 워터란 플레이어가 스탠스를 취하기 이전 또는 이후에 볼 수 있는 코스상에 일시적으로 고인 물을 말하며, 워터 해저드 안에 있는 것은 캐주얼 워터가 아니다. 서리 이외의 눈과 천연얼음 등은 캐주얼 워터 혹은 루스 임페디먼트로 치는데, 이는 플레이어의 선택에 따른다. 인공의 얼음은 장해물이다. 이슬과 서리는 캐주얼 워터가 아니다. 볼이 캐주얼 워터에 접촉하고 있을 때 캐주얼 워터 안의 볼이다.

12. 위원회(Committee)
위원회라고 함은 경기를 관리하는 위원회를 말하며, 경기 문제가 아닌 경우는 코스를 관리하는 위원회를 말한다.

13. 경기자(Competitor)
경기자란 스트로크 경기를 할 때의 플레이어를 말한다. 동반 경기자란 경기자와 함께 플레이하는 사람을 말하며 이들은 서로 파트너가 아니다. 그러나 스트로크 플레이에서 두 사람씩 파트너가 되는 포섬(Foursomes) 또는 포 볼(Fourball)에 있어서는 경기자 또는 동반 경기자라는 말에 그 파트너를 포함한다.

14. 코스(Course)
코스란 플레이가 허용된 전 지역을 말한다(규칙 제33조 2항 참조).

15. 휴대품(Equipment)
휴대품이란 플레이어가 사용, 착용 혹은 휴대하는 물건을 말하며, 플레이어가 플레이 중의 볼, 혹은 볼의 위치나 볼을 드롭할 구역을 표시하기 위하여 사용하고 있을 때 그 주화나 티와 같은 작은 물건은 휴대품이 아니다.

골프 카트를 두 명 또는 그 이상의 플레이어가 공동 사용할 경우, 그 골프 카트와 그 안에 있는 모든 것은 볼이 관련된 플레이어의 휴대품으로 간주한다. 단, 그 카트가 공동으로 사용하는 플레이어 중 한 사람에 의하여 이동될 경우, 그 카트 및 그 안에 실린 모든 것들은 그 플레이어의 휴대품으로 간주한다.

-주 : 플레이 중인 홀에서 플레이되었던 볼이 집어 올려진 후 다시 플레이되지 않았을 경우 그 볼은 휴대품이다.

16. 동반 경기자(Fellow-Competitor)
정의 13 '경기자' 참조

17. 깃대(Flagstick)
깃대란 홀의 위치를 표시하기 위하여 기 또는 이와 유사한 물건을 달거나 또는 달지 않은 채 홀의 중심에 꼿꼿이 세운 움직일 수 있는 표식이다. 깃대의 단면은 원형이어야 한다.

18. 포어 캐디(Fore caddie)
포어 캐디란 코스에 있는 볼의 위치를 플레이어에게 알리기 위하여 위원회가 배치한 자로서 국외자이다.

19. 수리지(Ground Under Repair)
수리지란 위원회의 지시로, 혹은 대행자에 의하여 수리지로 선언된 코스 내의 구역이다. 수리지라는 표시가 없어도 다른 곳으로 옮기기 위하여 쌓아 올려놓은 물건과 그린 키퍼가 만든 구멍이 포함된다. 수리지의 경계를 표시하는 말뚝 또는 선은 수리지에 포함된다. 수리지를 표시하는 말뚝은 장해물이다. 수리지 구역의 한계는 수직 아래쪽으로 연장될 뿐 위쪽으로는 아니다. 볼이 수리지 안에 놓여 있거나 볼의 일부라도 수리지에 접촉하고 있을 때 수리지 안의 볼이다.

-주1 : 코스에 남겨 놓은 깎아 놓은 풀이나 기타 물건으로써 다른 곳으로 옮길 의사가 없이 방치되어 있는 것들은 수리지 표시가 없는 한 수리지에 포함되지 않는다.

-주2 : 위원회는 수리지에서나 또는 수리지로 지정된 환경보호구역에서의 플레이를 금지하는 로컬룰을 제정할 수 있다.

20. 해저드(Hazards)
해저드란 모든 벙커 또는 워터 해저드를 말한다.

21. 홀(Hole)
홀의 직경은 108㎜(4.25inch)이고, 그 깊이는 100㎜(4.0inch) 이상이어야 한다. 원통은 토질이 허용하는 한 퍼팅 그린 면에서 적어도 25㎜(1inch)는 아래로 묻어야 한다. 원통의 외경은 108㎜(4.25inch) 이내이어야 한다.

22. 홀에 들어간 볼(Holed)
볼이 홀의 원통 내에 정지했을 때 그리고 볼의 전부가 홀의 가보다도 아래에 있을 때 그 볼은 홀에 들어간 볼이다.

23. 오너(Honour)
티잉 그라운드에서 가장 먼저 플레이하는 플레이어는 '오너가 되다.'라고 말한다.

24. 래터럴 워터 해저드(Lateral Water Hazard)
래터럴 워터 해저드란 워터 해저드 또는 그 일부로써 규칙 제26조 1항 2)에 따라 볼이 해저드의 경계선을 최후에 넘어간 점과 홀과의 선상 후방에 볼을 드롭하기가 불가능하거나 위원회가 그렇다고 인정한 위치의 워터 해저드나 그 일부를 말한다.

래터럴 워터 해저드로써 플레이 해야 되는 워터 해저드의 부분은 명백히 표시되어야 한다. 볼이 레터럴 워터 해저드 안에 놓여 있거나 볼의 일부라도 래터럴 워터 해저드에 접촉하고 있을 때 래터럴 워터 해저드 안의 볼이다.

-주1 : 래터럴 워터 해저드의 구역 한계는 적색 말뚝이나 선으로 한계를 표시하여야 한다.
-주2 : 위원회는 래터럴 워터 해저드로 지정된 환경보호구역에서의 플레이를 금지하는 로컬 룰을 제정할 수 있다.
-주3 : 위원회는 워터 해저드를 래터럴 워터 해저드로 지정할 수 있다.

25. 플레이의 선(Line of Play)
플레이의 선이라 함은 플레이어가 스트로크 후 볼이 가기를 원하는 방향과 그 방향의 양쪽 적절한 거리도 포함한다. 플레이의 선은 지면에서 수직상향으로 연장되나 홀을 넘어서는 연장되지 않는다.

26. 퍼트의 선(Line of Putt)
퍼트의 선이라 함은 퍼팅 그린에서 플레이어가 스트로크 후에 볼이 가기를 원하는 선을 말한다. 규칙

제16조 1항 5)에 관한 것만 제외하고 퍼트의 선은 의도했던 양쪽 방향의 적절한 거리도 포함한다. 퍼트의 선은 홀을 넘어서는 연장되지 않는다.

27. 루스 임페디먼트(Loose Impediments)
루스 임페디먼트란 자연물로써, 고정되어 있지 않거나 또는 생장하지 않고, 땅에 단단히 박혀 있지 않으며, 볼에 부착되어 있지 않은 돌, 나뭇잎, 나뭇가지 같은 것들과 동물의 분, 벌레들과 그들의 배설물 및 이것들이 쌓여 올려진 것들을 말한다. 모래 및 흩어진 흙은 퍼팅 그린 위에 있는 경우에 한하여 루스 임페디먼트이다.
서리 이외의 눈과 천연얼음 등은 캐주얼 워터 혹은 루스 임페디먼트로 치는데, 이는 플레이어의 선택에 따른다. 인공의 얼음은 장해물이다. 이슬과 서리는 루스 임페디먼트가 아니다.

28. 분실구(Lost Ball)
다음의 경우는 분실구이다.
1) 플레이어, 그의 사이드 또는 이들의 캐디가 찾기 시작하여 5분 이내에 발견하지 못하거나 자기의 볼임을 플레이어가 확인하지 못한 때
2) 원구를 찾지 않고 본 규칙에 따라 다른 볼을 플레이한 때
3) 원구가 있을 것으로 생각되는 장소로부터 그 장소보다 홀에 가까운 지점에서 잠정구를 플레이한 때 - 이 이후는 잠정구가 인 플레이의 볼이 된다. 오구의 플레이에 소비한 시간은 수색을 위하여 부여된 5분간에 산입하지 않는다.

29. 마커(Marker)
마커란 스트로크 플레이 때 경기자의 스코어를 기록하도록 위원회가 임명한 사람이며 동반 경기자가 마커로 될 수 있다. 마커는 심판원이 아니다.

30. 매치(Matches)
정의 44 '사이드와 매치' 참조

31. 움직인 볼(Move or Moved)
볼이 정지하고 있는 위치에서 다른 위치로 옮겨가서 정지한 때, 그 볼은 '움직인 것'으로 간주한다.

32. 가장 가까운 구제 지점(Nearest Point of Relief)
움직일 수 없는 장해물(규칙 제 24조 2항), 비정상적인 코스 상태(규칙 제 25조 1항), 또는 목적 외 퍼팅 그린(규칙 제 25조 3항)에 의한 방해로부터 벌 없이 구제를 받을 때의 지점을 말한다. 이 지점은

볼이 놓여있는 곳의 가장 가까운 지점으로, 홀에 더 가깝지 않고, 볼이 그 지점에 정지해 있어도 방해(성의된 바와 같은)가 없는 지점이다.
-주 : 플레이어는 다음 스트로크를 할 때 사용하려고 생각한 클럽을 가지고 어드레스를 취하여 스트로크를 위한 스윙을 해보고 그에 가장 가까운 구제지점을 결정해야 한다.

33. 업저버(Observer)
업저버란 사실문제의 판정에 관하여 심판원을 보조하며, 반칙을 심판원에게 보고하기 위하여 위원회가 임명한 사람을 말한다. 업저버는 깃대에 붙어 홀 앞에 서거나, 홀의 위치를 표시하거나, 볼을 집어 올리거나, 그 위치를 마크하지 못한다.

34. 장해물(Obstructions)
장해물이란 모든 인공의 물건으로써, 도로와 통로의 인공의 표면과 측면 및 인공의 얼음 등을 포함한다. 단, 다음의 것은 제외된다.
1) 아웃 오브 바운드를 표시하는 벽, 담, 말뚝 및 울타리
2) 아웃 오브 바운드에 있는 움직이지 못하는 인공물건의 모든 부분
3) 코스와 불가분한 것이라고 위원회가 지정한 모든 구축물
움직일 수 있는 장해물이란 무리한 노력을 들이지 않고 플레이를 부당하게 지연시키지 않으며, 손상을 입히지 않고 옮길 수 있는 장해물을 말한다. 그렇지 않은 경우는 움직일 수 없는 장해물이다.
-주 : 위원회는 움직일 수 있는 장해물을 움직일 수 없는 장해물로 선언하는 로컬 룰을 만들 수 있다.

35. 아웃 오브 바운드(Out of Bounds)
아웃 오브 바운드란 코스의 경계를 넘어선 장소 또는 위원회가 그렇게 표시한 코스의 일부를 말한다. 아웃 오브 바운드를 말뚝이나 울타리를 기준으로 표시할 경우, 볼이 말뚝이나 울타리를 넘었는가를 문제로 할 때 그 아웃 오브 바운드의 선은 말뚝이나 울타리(지주를 포함하지 않은) 기둥의 지면에 접한 가장 가까운 안쪽 점에 의하여 결정된다. 아웃 오브 바운드가 지상의 선으로 표시되었을 때 그 선 자체가 아웃 오브 바운드이다.
아웃 오브 바운드의 선은 수직으로 상하에 연장된다. 볼의 전체가 아웃 오브 바운드에 있을 때는 아웃 오브 바운드의 볼이 된다. 플레이어는 코스 내에 있는 볼을 플레이 하기 위하여 아웃 오브 바운드에 설 수 있다.

36. 국외자(Outside Agency)
국외자란 매치 플레이에서는 매치에 관계없는 사람과 사물을 말하며, 스트로크 플레이에서는 그 경기자의 사이드에 속하지 않는 사람과 사물을 말한다. 심판원, 마커, 업저버 그리고 포어 캐디는 국외자

이다. 바람과 물은 국외자가 아니다.

37. 파트너(Partner)
파트너란 같은 사이드에 속해 있는 자기편의 플레이어를 말한다. 스리 섬, 포 섬 또는 포 볼의 매치에 있어서는 문맥에 반하지 않는 한 '플레이어'라는 말에 그의 파트너가 포함된다.

38. 벌타(Penalty Stroke)
벌타란 규칙에 따라 플레이어 또는 사이드의 스코어에 부가되는 스트로크를 말한다. 스리 섬과 포 섬에 있어서의 벌타는 플레이의 타순에 영향을 주지 않는다.

39. 잠정구(Provisional Ball)
잠정구란 볼이 워터 해저드 이외에서 분실 또는 아웃 오브 바운드의 염려가 있는 경우, 규칙 제27조 2항에 의하여 플레이하는 볼을 말한다.

40. 퍼팅 그린(Putting Green)
퍼팅 그린이란 현재 플레이를 하고 있는 홀의 퍼팅을 위하여 특별히 정비한 전 구역 또는 위원회가 퍼팅 그린이라고 지정한 모든 구역을 말한다. 볼의 일부가 퍼팅 그린에 접촉하고 있으면 퍼팅 그린 위의 볼이다.

41. 심판원(Referee)
심판원이란 플레이어와 동행하여 현장의 사실문제를 재정하고 규칙을 적용하기 위하여 위원회가 임명한 사람을 말한다. 심판원은 목격하거나 보고받은 모든 규칙위반에 대하여 직권을 행사하여야 한다. 심판원은 깃대에 붙어 서거나, 홀의 위치에 서거나, 그 위치를 표시하거나, 또는 볼을 집어 올리거나, 그 위치를 마크해서는 안 된다.

42. 러브 오브 더 그린(Rub of the Green)
러브 오브 더 그린이란 움직이고 있는 볼이 국외자에 의하여 우연히 방향이 변경되거나 정지된 경우를 말한다(규칙 제19조 1항 참조).

43. 규칙(Rule or Rules)
규칙이란 용어는 다음 항을 포함한다.
1) 골프 규칙
2) 위원회가 규칙 제 33조 8항 1)과와 부칙 I에 의해 제정한 모든 로컬 룰

3) 부칙 II와 III의 클럽과 볼에 관한 규칙

44. 사이드와 매치(Sides and Matches)
사이드란 1명의 플레이어 또는 파트너인 2명 혹은 그 이상의 플레이어를 말한다.
싱글이란 1명 대 1명의 매치이다.
스리 섬이란 1명의 플레이어가 다른 2명에 대항하여 각 사이드가 1개의 볼을 플레이 하는 매치이다.
포 섬이란 2명이 2명에 대항하여 각 사이드가 1개의 볼을 플레이 하는 매치이다.
스리 볼이란 3명이 서로 대항하되 각자의 볼을 플레이 하는 매치이다.
베스트 볼이란 1명의 플레이어가 2명 또는 3명으로 된 사이드에 대항하여 2명 이상의 사이드는 각자의 볼을 플레이하되, 그 중 좋은 스코어를 그 사이드의 스코어로 하는 매치이다.
포볼이란 2명이 2명에 대항하여 각 플레이어는 각자의 볼을 플레이 하며, 각 홀마다 그 사이드의 적은 스코어를 그 사이드의 스코어로 하는 매치이다.

45. 스탠스(Stance)
플레이어가 스트로크를 하기 위하여 발을 제 위치에 정하고 섰을 때 '스탠스'를 취한 것으로 한다.

46. 정규의 라운드(Stipulated Round)
정규의 라운드란 위원회가 따로 허용한 경우를 제외하고 홀의 순서에 따라 코스의 여러 홀을 플레이 하는 것을 말한다. 정규 라운드의 홀수는 위원회가 18홀보다 적은 홀수를 허용한 경우를 제외하고는 18홀이다.
매치 플레이에서 정규 라운드를 연장할 때는 규칙 제2조 3항 참조.

47. 스트로크(Stroke)
스트로크란 볼을 올바르게 쳐서 움직일 의사를 가지고 행한 클럽의 전 방향으로의 동작을 말한다. 그러나 클럽 헤드가 볼에 도달하기 전에 플레이어가 다운 스윙을 자발적으로 중지했을 경우, 플레이어는 스트로크를 하지 않은 것으로 간주한다.

48. 티잉 그라운드(Teeing Ground)
티잉 그라운드란 플레이할 홀의 출발장소를 말한다. 이것은 2개의 티 마커의 외측을 경계로 하여 전면과 측면이 한정되며, 측면의 길이가 2클럽 길이인 직사각형의 구역이다. 볼 전체가 이 티잉 그라운드 구역 밖에 있을 때에는 티잉 그라운드의 밖에 있는 볼이다.

49. 스루 더 그린(Through the Green)
스루 더 그린이란 다음 구역을 제외한 코스의 전 구역을 말한다.
1) 플레이 중인 그 홀의 티잉 그라운드와 퍼팅 그린
2) 코스 내의 모든 해저드

50. 워터 해저드(Water Hazard)
워터 해저드란 모든 바다, 호수, 못, 하천, 도랑, 배수구의 표면 또는 뚜껑이 없는 수로(물의 유무를 불문) 및 이와 유사한 수역을 말한다. 워터 해저드 구역 경계 내의 모든 지면 또는 수면은 그 워터 해저드의 일부분이다. 워터 해저드의 경계선은 수직으로 그 위아래까지 연장 적용된다.

워터 해저드 구역의 경계를 표시하는 말뚝과 선은 해저드 안이며, 그러한 말뚝은 장해물이다. 볼이 워터 해저드 안에 놓여 있거나 볼의 일부가 워터 해저드에 접촉하고 있으면 워터 해저드 안의 볼이다.

주1 : 워터 해저드(래터럴 워터 해저드 제외)는 황색 말뚝이나 선으로 한계가 표시되어야 한다.
주2 : 위원회는 워터 해저드로 지정된 환경보호구역에서의 플레이를 금지하는 로컬 룰을 제정할 수 있다.

51. 오구(Wrong Ball)
오구라 함은 다음에 명시한 플레이어의 볼 이외의 모든 볼을 말한다.
1) 인 플레이 볼
2) 잠정구
3) 스트로크 플레이에 있어서 규칙 제3조 3항 또는 규칙 제20조 7항 2)에 의하여 플레이한 제2의 볼.
－주 : 인 플레이 볼 중에는, 볼의 교체가 허용되든지 안 되든지에 상관없이 인 플레이 볼과 교체된 다른 볼도 포함된다.

52. 목적 외 퍼팅 그린(Wrong Putting Green)
목적 외 퍼팅 그린이란 현재 플레이 하고 있는 홀의 퍼팅 그린 이외의 다른 퍼팅 그린을 뜻한다. 위원회에서 달리 정하지 않는다면, 이 용어는 코스의 연습용 퍼팅 그린이나 피칭 그린 등을 포함한다.

제3장 골프 규칙

제1조 게임(Game)

1항 통칙(General)
골프의 게임은 본 규칙에 따라 1개의 볼을 티잉 그라운드에서 홀에 넣을 때까지 1스트로크 또는 연속적인 스트로크로써 플레이 하는 것으로 이루어진다.

2항 볼에 미치는 영향(Exerting Influence on Ball)
규칙에 의한 경우를 제외하고 플레이어와 캐디는 볼의 위치 또는 그의 움직임에 영향을 주는 어떠한 행동도 해서는 안 된다.
본 항의 반칙은(움직일 수 있는 장해물의 제거-규칙 제24조 1항 참조)
매치 플레이는 그 홀의 패.
스트로크 플레이는 2벌타.
—주 : 본 제1조 2항의 중대한 반칙인 경우 위원회는 실격의 벌을 부가할 수 있다.

3항 합의의 반칙(Agreement to Waive Rules)
플레이어들은 반칙의 적용을 배제하거나 부가된 벌을 삭제할 것을 합의해서는 안 된다.
본 항의 반칙은,
매치 플레이는 양사이드 모두 실격. 스트로크 플레이는 관계 경기자의 실격.
(스트로크 플레이에서 플레이 순번을 위반한 플레이에 관한 합의에 대해서는 제10조 2항 1) 참조)

4항 규칙에 없는 사항(Points Not Covered by Rules)
경기에 관한 쟁점이 규칙에 없는 사항은 형평의 이념에 따라 재정하여야 한다.

제2조 매치 플레이(Match Play)

1항 홀의 승자와 승홀 계산법 (Winner of Hole ; Reckoning of Holes)
매치 플레이는 각 홀마다 승패를 결정한다. 본 규칙에 따로 정한 경우를 제외하고 적은 타수로 홀 아웃한 사이드가 그 홀의 승자가 된다. 핸디캡 매치 때에는 적은 네트 스코어인 사이드가 그 홀의 승자이다. 매치 플레이의 승홀을 셈할 때 몇 개 '홀 업(holes up)' 또는 비길 때는 '올 스퀘어(all square)' 그리고 몇 개 '투 플레이(to play)'라고 한다. 홀업한 승홀 수와 나머지 플레이 하여야 할 홀 수가 동일한 때 그 사이드는 도미(dormie)라고 한다.

2항 비긴 홀(Halved Hole)
양 사이드가 같은 타수로 홀 아웃하면 그 홀은 비긴다. 플레이어가 홀 아웃을 끝내고 상대가 그 홀을 동점으로 하는데 1 스트로크가 남은 때에는 그 플레이어가 그 후에 반칙을 한 경우에도 그 홀은 비긴다.

3항 매치의 승자(Winner of Match)
매치(위원회가 따로 정한 경우를 제외한 정규의 라운드)에서는 플레이를 끝내지 않은 홀의 수보다 많은 홀을 이긴 사이드가 승자이다. 위원회는 매치의 타이를 해결하기 위하여 정규의 라운드를 매치의 승패가 결정될 때까지 몇 홀이라도 연장할 수 있다.

4항 다음 스트로크, 홀 또는 매치의 양보
(Concession of Next Stroke, Hole or Match)
규칙 제16조 2항(홀 컵에 걸려 있는 볼)에 의하여 상대볼이 정지했거나 정지한 것으로 보일 때, 플레이어는 상대방이 다음 스트로크로 홀 아웃한 것으로 인정할 수 있으며, 그 볼은 어느 사이드에 의해서나 클럽 또는 다른 방법으로 제거할 수 있다. 플레이어는 한 홀이나 그 매치의 종료 전에 어느 때라도 홀 또는 매치를 양보할 수 있다.
-스트로크의 면제 : 홀이나 매치에서의 스트로크 면제는 거절되거나 철회될 수 없다.

5항 클레임(Claims)
매치 플레이에서 플레이어 간에 의문 또는 분쟁이 생기고 위원회의 정당한 권한을 가진 대표자가 합당한 시간 내 현장에 도착하지 못하는 경우, 그 플레이어들은 지체 없이 매치를 계속하지 않으면 안 된다. 어떠한 클레임이라도 만약 그것이 위원회에서 그 클레임이 수리되려면 그 매치의 어느 플레이어도 다음 티잉 그라운드에서 플레이 하기 전에, 그 매치의 마지막 홀이라면 플레이어 전원이 퍼팅 그린을 떠나기 전에 각각 클레임을 제출해야 한다.
플레이어가 사전에 몰랐던 사실에 입각한 클레임이거나 또는 상대방에 의한 오보[제6조 2항 1) 및 제9조]인 경우를 제외하고 전기의 시한 후에 제기된 클레임은 접수될 수 없다. 어떠한 경우에도 상대방이 고의로 오보를 하였다는 것을 위원회가 인정한 경우 이외에는 매치의 결과가 공식으로 발표된 후의 클레임도 접수될 수 없다.

6항 일반의 벌(General Penalty)
매치 플레이에서, 본 규칙에 따로 정한 경우를 제외하고 반칙의 벌은 그 홀의 패이다.

제3조 스트로크 플레이(Stroke Play)

1항 우승자(Winner)
정규의 라운드 또는 그 이상의 라운드를 최소 타수로 플레이한 경기자가 우승자이다.

2항 홀 아웃의 불이행(Failure to Hole Out)
경기자가 어떤 홀에서 홀 아웃을 이행하지 않고 다음 티잉 그라운드에서 스트로크하기 전 또는 마지막 홀에서 퍼팅 그린을 떠나기 전에 자기의 잘못을 시정하지 않고 그린을 떠나면, 그 경기자는 경기 실격이다.

3항 처리에 관한 의문(Doubt as to Procedure)

1) 처리
스트로크 플레이에 한하여 경기자가 한 홀의 플레이 중에 자기 권리 또는 볼의 처리에 대하여 의문이 있을 때에는 벌 없이 제2의 볼을 플레이 할 수가 있다. 경기자는 의문이 생겼을 때 다음 행동을 취하기 전에, 본 규칙에 의한다는 그의 결심과 규칙이 허용하면 스코어로 채택하고자 하는 볼을 미리 마커 또는 동반 경기자에게 선언해야 한다. 경기자는 두 볼의 스코어가 같은 경우를 제외하고, 스코어 카드를 제출하기 전에 그 사실을 위원회에 보고해야 된다. 이것을 이행하지 않으면 경기에 실격된다.

2) 그 홀의 스코어
경기자가 선택한 처리가 규칙에 적합한 것이라면 선택한 볼의 스코어가 그 홀의 스코어가 된다. 만일 경기자가 취한 처리와 볼의 선택을 사전에 마커나 동반 경기자에게 통고를 하지 않고 그 원구에 대한 처리가 규칙에 적합한 경우, 원구 쪽의 스코어를 채택하지 않으면 안 된다. 다만, 플레이 되고 있는 두 볼이 다 원구가 아닌 때에는 먼저 인 플레이된 볼의 스코어를 채택해야 된다.

—주1 : 만약 경기자가 제2의 볼을 플레이 한 경우, 카운터하지 않기로 재정된 볼을 플레이한 것에 의하여 받은 벌타와 계속해서 그 볼을 친 타수는 무시된다.
—주2 : 제3조 3항에 의한 제2의 볼은 제27조 2항에 의한 잠정구가 아니다.

4항 규칙 준수의 거부(Refusal to Comply with a Rule)
경기자가 다른 경기자의 권리에 영향을 주는 규칙 이행을 거부할 때 실격이 된다.

5항 일반의 벌(General Penalty)
스트로크 플레이에서는 따로 규정이 있는 경우를 제외하고 반칙의 벌은 2타이다.

제4조 클럽과 볼(Clubs and the Ball)

R&A는 클럽, 볼 및 기타 용구에 관한 규칙의 변경과 구조 및 해석의 변경을 행사하는 권한을 항상 보유한다.

플레이어가 어떤 클럽의 적합성에 관하여 의문이 있을 때에는 R&A에 문의하여야 한다. 제조업자가 제조하고자 하는 클럽이 규칙 제4조와 부칙II에 적합한지의 여부를 판정받기 위하여 그 견본을 R&A에 제출하여야 한다. 제출된 견본은 대조용으로써 R&A 소유물로 한다. 만일 제조업자가 어떤 클럽을 생산, 판매하기 이전에 그 견본을 R&A에 제출하지 않은 경우에, 제조업자는 그 클럽이 골프 규칙에 부적합할 수도 있다는 위험 부담을 갖게 된다.

1항 클럽의 형식과 구조(Form and Make of Clubs)

클럽은 볼을 치는 데 사용되도록 디자인된 용구이다. 퍼터는 본래 퍼팅 그린 위에서 사용되도록 디자인된 로프트 각도가 10°를 넘지 않는 클럽이다. 플레이어가 사용하는 클럽은 본 조 규정과 부칙 II에 명시된 규격과 해석에 적합한 것이어야 한다.

1) 통 칙
클럽은 규칙과 부칙 II에 수록된 규정, 규격, 해석에 부합되어야 한다.

2) 마모와 개조
어떤 클럽이 신품일 때 규칙에 적합한 것이라면, 정상적인 사용 후 마모되었을 때도 규칙에 맞는 것으로 본다. 클럽의 어떤 부분이 의도적으로 개조되었을 때 그것은 신품으로 간주되며, 개조된 상태는 규칙에 적합하여야 한다.

2항 성능의 변경과 이물질 부착
(Playing Characteristics Changed and foreign Material)

1) 성능의 변경
정규 라운드 중 클럽의 성능은 조정 또는 다른 방법에 의하여 고의로 변경되어서는 안 된다.

2) 이물질의 부착
볼의 움직임에 영향을 줄 목적으로 이물질을 클럽 타면에 부착해서는 안 된다.
　- 규칙 제4조 1항 또는 2항의 위반 : 경기 실격

3항 손상된 클럽 : 수리와 교체
(Damaged Clubs ; Repair and Replacement)

1) 정상적인 플레이 과정에서 입은 손상
정규 라운드 도중, 만약 플레이어의 클럽이 정상적인 플레이 과정에서 손상되었을 경우 플레이어는 다음 조치를 취할 수 있다.
(1) 정규 라운드의 나머지 홀을 손상된 상태로 클럽을 사용하거나,
(2) 부당한 경기 지연 없이 수리하거나, 수리 받아서 사용하거나,
(3) 클럽이 경기에 부적합한 상태에 한해서만 하는 추가적인 선택으로써, 다른 클럽으로 교체할 수 있다. 클럽의 교체는 플레이를 부당하게 지연시키지 않아야 하며, 그 코스에서 플레이 중인 다른 플레이어가 플레이를 위하여 선정한 클럽을 차용해서는 안 된다.
- 규칙 제4조 3항 1) 위반 : 규칙 제4조 4항 1), 2) 벌칙 참조
- 주 : 예를 들어 클럽의 샤프트가 여러 조각으로 부서지거나, 클럽 헤드가 헐거워지거나, 분리되거나, 현저히 변형되었을 경우, 실질적인 손상을 입었을 경우 등을 플레이에 부적합하다고 할 수 있다. 단지 샤프트가 휘었거나, 클럽의 라이나 로프트가 변경되었거나, 클럽 헤드가 긁혔을 경우에는 플레이에 부적합하다고 볼 수 없다.

2) 정상적인 플레이 과정 이외에서의 손상
정규 라운드 도중에 정상적인 플레이 과정 이외에서 입은 손상으로, 클럽이 규정에 부적합하게 되거나, 성능이 변경된 경우, 그 클럽은 그 이후의 라운드 중에 사용될 수 없으며, 교체될 수 없다.

3) 라운드 전의 손상
플레이어는 라운드 전에 손상된 클럽이 규정에 적합한 상태라면 그대로 사용할 수 있다. 라운드 전에 클럽이 입은 손상은 성능을 변경시키지 않고 플레이를 부당하게 지연시키지 않는 한 라운드 도중에 수리 받을 수 있다.
-규칙 제4조 3항 2) 또는 3) 위반 : 경기 실격(부당한 지연 - 규칙 제6조 7항 참조)

4항 클럽은 14개가 한도(Maximum of Fourteen Clubs)

1) 클럽의 선정과 교체
플레이어는 14개 이내의 클럽을 가지고 정규 라운드를 스타트 하여야 한다. 플레이어의 사용 클럽은 그라운드 스타트 시에 선정한 것에 한정하나 단 플레이를 부당하게 지연시키지 않는 한, 14개 미만으로 스타트한 때에는 합계 14개를 넘지 않는 한 몇 개라도 보충할 수 있다. 클럽의 보충은 그 코스에서

플레이 하는 다른 플레이어가 플레이를 위하여 선정한 클럽을 차용할 수 없으며, 플레이를 불필요하게 지연시키지 않아야 한다(규칙 제 6조 7항).

2) 파트너는 클럽의 공용가능

파트너끼리는 그 파트너들이 휴대한 클럽의 수가 14개를 초과하지 않는 한 클럽을 공용할 수 있다.

본 항 1) 또는 2)의 반칙은 휴대한 초과 클럽의 개수에 불구하고,

(1) 매치 플레이 시는 반칙이 발견된 홀의 완료 시점에 임하여 반칙이 발생한 각 홀에 1홀의 패를 부가하고, 매치의 상태를 조정하여야 한다. 단, 패로 하는 홀수는 1라운드마다 최고 2홀을 한도로 한다.
(2) 스트로크 플레이 시는 반칙을 한 홀마다 2타 부가하되, 1라운드마다 최고 4타 부가를 한도로 한다.
(3) 보기 및 파 경기 시는 벌이 매치 플레이와 동일하다.
(4) 스테이블포드 경기자(Stableford competitor)는 제32조 1항 2) 참조.

3) 초과 클럽의 사용 불가 선언

본 규칙에 위반하여 휴대 또는 사용한 모든 클럽에 대하여 플레이어는 반칙을 발견한 때 즉시 사용 불가 선언을 하여야 한다. 그 후 플레이어는 그 라운드 중 그 클럽을 사용해서는 안 된다.

본 항 위반 시는 경기 실격.

제5조 볼(The Ball)

R&A와 USGA는 클럽, 볼 및 기타 용구에 관한 규칙의 변경과 구조 및 해석의 변경을 행사하는 권한을 항상 보유한다.

1항 통칙(General)

플레이어가 사용하는 볼은 부칙 Ⅲ에 명시하는 최대 중량, 최소 사이즈, 구체(球體)의 대칭성, 초속 및 종합 거리규격에 적합한 것이라야 한다.

－주 : 위원회는 경기 조건을 규정함에 있어(제33조 1항) 플레이어가 사용하는 볼은 R&A가 발행한 현행 적격 골프볼 리스트에 기재되어 있어야 한다고 요구할 수 있다.

2항 이물질의 부착(Foreign Material)

볼의 플레이 성능을 변경할 목적으로 이물질을 볼에 부착해서는 안 된다.

본 조 1항 또는 2항의 반칙은 경기 실격.

3항 플레이에 부적합한 볼(Ball Unfit for Play)

볼이 찢어졌거나, 깨졌거나, 변형되었음이 분명할 때, 그 볼은 플레이에 부적합한 볼이다. 단순히 흙 또는 기타 물건이 부착되었거나 표면의 페인트가 벗겨졌거나 색깔이 변한 것만으로는 플레이에 부적합한 볼이라고 볼 수 없다.

플레이어는 플레이 중 볼이 플레이에 적합하지 않다고 믿을 때에는 볼이 플레이에 적합한지 아닌지를 확인하기 위하여 벌 없이 자기 볼을 집어 올릴 수 있다. 단, 볼을 집어 올리기 전에 매치 플레이에서는 상대방에게, 스트로크 플레이에서는 마커 또는 동반 경기자에게 자신의 의사를 통고하고 그 볼의 위치를 마크해야 한다.

그 후 볼을 집어 올려 닦지 않은 상태로 검사하되, 그의 상대방이나 마커 또는 동반 경기자에게 그 볼을 검사할 기회를 주어야 한다. 이러한 절차를 밟지 않으면 1벌타가 부가된다. 그 볼이 플레이를 하고 있는 홀의 플레이 중에 플레이에 부적합하다고 확인된 경우는 플레이어는 원구가 있던 지점에 다른 볼로 플레이스 할 수 있다. 그러나 사용 부적합이 확정되지 않을 때는 원구를 리플레이스 하여야 한다.

스트로크의 결과로 볼이 두 쪽 이상으로 쪼개져 떨어져 나간 경우 그 스트로크는 취소되어야 하며, 플레이어는 원구를 쳤던 되도록 가까운 지점에서 벌 없이 다시 플레이하여야 한다(제20조 5항 참조).

본 항의 반칙은,

매치 플레이는 그 홀의 패.

스트로크 플레이는 2타 부가.

만일 플레이어가 제5조 3항의 반칙에 대하여 일반의 벌이 부가되었을 경우, 본 항에 의한 벌이 추가되어 부가되지 않는다.

−주: 상대방, 마커 또는 동반 경기자가 볼의 부적합성에 관한 클레임을 반론하고자 할 경우에는 그 플레이어가 다른 볼을 플레이 하기 전에 하여야 한다(퍼팅 그린에서 또는 다른 규칙에 의거 볼을 집어 올려 닦는 일 제21조 참조).

제6조 플레이어(The Player)

마커란 스트로크 플레이 때 경기자의 스코어를 기록하도록 위원회가 임명한 사람이며, 동반 경기자가 마커로 될 수 있다. 마커는 심판원이 아니다.

1항 경기 조건(Conditions of Competition)

플레이어는 경기에 관한 조건을 숙지하고 플레이할 책임이 있다(제33조 1항 참조).

2항 핸디캡(Handicap)

1) 매치 플레이

핸디캡이 있는 경기에서는 경기 출발 전에 플레이어들은 서로 상대방에게 각자의 핸디캡을 확정해야 한다. 만일 플레이어가 주고 받는 스트로크 수에 영향을 끼치는 더 높은 핸디캡을 통고하고 경기를 시작한 경우, 그 플레이어는 경기 실격이 된다. 반대의 경우 즉 낮은 핸디캡을 선언한 플레이어는 그대로 플레이 하여야 한다.

2) 스트로크 플레이

핸디캡이 있는 모든 경기에서 경기자는 매 라운드마다 위원회에 스코어 카드를 제출하기 전에 자기 핸디캡이 자기 스코어 카드에 제대로 기입되었는지를 확인하여야 한다.

자기의 스코어 카드에 핸디캡이 기입되어 있지 않거나 또는 기입된 핸디캡이 경기 조건에서 인정된 것보다 더 높아 그 때문에 받을 스트로크 수에 영향을 주었을 경우, 그는 그 핸디캡 경기에서 실격이 된다. 그렇지 않고 낮게 기입된 경우는 그 스코어는 그대로 채택된다.

-주 : 핸디캡 스트로크를 주거나 받는 홀을 사전에 파악하는 것은 플레이어의 책임이다.

3항 스타트 시간과 조(Time of Starting and Groups)

1) 스타트 시간

플레이어는 위원회에서 정한 시간에 스타트 하여야 한다.

2) 조 스트로크 플레이에서 경기자는 위원회가 변경을 승인 또는 추인하지 않는 한 위원회가 정한 조대로 라운드를 하여야 한다.

본 항의 반칙은 경기 실격(베스트 볼과 포볼의 플레이는 규칙 제30조 3항 1)과 제31조 2항 참조).

-주 : 위원회는 규칙 제33조 7항에 규정된 실격의 벌을 배제할 정황이 없는 경우, 경기 조건(규칙 제33조 1항) 속에 플레이어가 스타트 시간에 지각하였으나 플레이 할 수 있는 상태로 스타트 지점에 5분 이내에 도착하였을 경우, 지각의 벌을 실격으로 하지 않고 매치 플레이에서는 제1홀의 패, 스트로크 플레이에서는 2벌타로 규정할 수 있다.

4항 캐디(Caddie)

플레이어는 한 번에 캐디를 한 명만 동반할 수 있다. 그 이상은 실격이다. 캐디가 규칙을 위반하면 그 플레이어에게 벌을 과한다.

5항 볼(Ball)

정당한 볼을 플레이 할 책임은 플레이어 자신에게 있다. 각 플레이어는 자기 볼을 식별할 수 있는 표식를 해 두어야 한다.

6항 스트로크 플레이의 스코어(Scoring in Stroke Play)

1) 스코어의 기록
마커는 각 홀의 종료 후 그 경기자와 스코어를 확인하고 기입하여야 한다. 경기의 라운드가 끝나면 마커는 그 카드에 서명하고 경기자에게 건네주어야 한다. 만일 2인 이상의 마커가 스코어를 기록한 경우는 각자 담당한 부분에 대하여 서명하여야 한다.

2) 스코어의 서명과 제출
경기자는 자기의 각 홀의 타수를 확인해야 하고, 의문이 있으면 위원회에 질문하여 확정지어야 한다. 경기자는 마커의 서명을 확인한 다음 자기도 부서하여 되도록 빨리 위원회에 제출하여야 한다.
본 항 2)의 반칙은 경기실격.

3) 스코어 카드의 변경
경기자가 카드를 위원회에 제출한 후에는 그 기입내용은 변경할 수 없다.

4) 스코어의 오기
경기자는 자기 스코어 카드 상에 각 홀별로 기입된 스코어의 정확성에 대하여 책임을 진다. 만일 한 홀의 실제의 타수보다 적은 스코어를 제출한 경기자는 경기에 실격되고 실제의 타수보다 많은 스코어는 그대로 채택된다.
-주1 : 위원회는 스코어의 합계와 카드 상에 기록된 핸디캡의 적용에 대하여 책임을 진다(제33조 5항 참조).
-주2 : 포 볼의 스트로크 플레이는 제31조 4항과 7항 1) 참조

7항 부당한 지연 ; 느린 플레이(Undue Delay ; Slow Play)
플레이어는 부당한 지연 없이 플레이 해야 하며, 위원회가 규정한 플레이 속도 지침이 있을 때 그에 따라 플레이하여야 한다. 한 홀의 플레이를 끝내고 다음 티잉 그라운드에서 플레이 하는 사이에서도 부당하게 지연을 해서는 안 된다.
본 항의 반칙은,
매치 플레이는 그 홀의 패.
스트로크 플레이는 2벌타(보기, 파 경기 – 규칙 제32조 1항 1)에서 주2를 참조, 스테이블포드 경기 – 규칙 제32조 1항 2)에서 주2를 참조).

그 후의 반칙은 경기 실격.

−주1 : 홀과 홀 사이의 부당한 지연 플레이는 다음 홀에서의 플레이 지연이 되므로 벌 타는 다음 홀에 부가된다(보기, 파 경기와 스테이블포드 경기는 예외−규칙 제32조 참조).

−주2 : 지연 플레이를 방지하기 위한 목적으로 위원회는 경기 조건(규칙 제33조 1항)에 정규의 1라운드, 1홀 또는 1스트로크를 플레이 완료하는데 허용된 최대 시간을 포함한 플레이 속도 지침을 규정할 수 있다.

스트로크 플레이에 한하여 위원회는 본 항 반칙의 벌을 다음과 같이 수정할 수 있다.

첫번째 위반은 1벌타.

두번째 위반은 2벌타.

그 후의 위반은 경기 실격.

8항 플레이의 중단(Discontinuance of Play)

1) 중단이 인정되는 경우

플레이어는 다음 경우를 제외하고 플레이를 중단해서는 안 된다.

(1) 위원회가 플레이를 일시 중지한다고 결정하였을 때
(2) 플레이어가 낙뢰의 위험이 있다고 생각하였을 때
(3) 플레이어가 의문 또는 분쟁의 문제에 관하여 위원회의 재정을 구하고 있을 때(제2조 5항 및 제34조 3항 참조)
(4) 기타 급병과 같은 정당한 이유가 있을 때

악천후는 그 자체가 플레이 중단의 정당한 이유가 못된다. 위원회의 특별한 허가를 받지 아니하고 플레이를 중단한 경우 플레이어는 되도록 빨리 위원회에 보고하여야 한다. 그러한 경우 위원회가 그 이유를 정당하다고 인정하면 벌이 과해지지 않는다. 정당하다고 인정되지 않으면 경기 실격이 된다.

− 매치 플레이에서의 예외 : 플레이어들의 합의로 매치 플레이를 중단하여도 그것으로 인하여 경기 지연이 되지 않는 한 실격의 조건우 아니다

−주 : 코스를 떠나는 것 그 자체만으로 플레이의 중단이 되지 아니한다.

2) 위원회 결정에 의한 일시중지 시의 처리

위원회의 결정에 의하여 플레이가 일시중지 되었을 경우, 그리고 매치의 당사자 또는 한 조의 플레이어 전원이 홀과 홀 사이에 있을 경우, 플레이어들은 위원회로부터 플레이 속개의 지시가 나올 때까지 플레이를 속개해서는 안 된다. 한 홀의 플레이 도중인 경우 지체 없이 플레이를 계속할 수 있으면 그대로 플레이를 속행할 수 있다. 그러나 플레이 속행을 선택했을 경우 각 플레이어들은 그 홀 종료 직후 곧 중단해야 하나, 미결로 하고 도중에 중지해도 상관없다. 플레이 중지 후는 위원회로부터 플레이 속

개의 지시가 내릴 때까지 플레이를 속개해서는 안 된다. 경기위원회에 의하여 경기가 일시중지된 경우 플레이어는 경기위원회의 속개 지시가 내렸을 때 플레이를 속개해야 한다.

본 항 2)의 반칙은 경기 실격

-주 : 위원회는 경기 조건(규칙 제33조 1항) 속의 위험가능성이 있는 상태일 때 위원회의 경기중지 조치에 따라 플레이는 즉시 중단되어야 한다고 규정할 수 있다. 만일 플레이어가 즉각 경기중단을 하지 않는다면, 제33조 7항에 규정된 벌의 면제를 정당화 해주는 정황이 아닌 한 그 플레이어는 경기 실격의 벌을 받는다(경기재개 – 규칙 제33조 2항 4) 참조).

3) 플레이 중단의 경우 볼 집어 올리기

규칙 제6조 8항 1)에 따라 플레이어가 경기를 중단하였을 때, 그는 위원회가 중단시켰을 때와 또는 정당한 이유가 있을 때만 볼을 집어 올릴 수 있다. 볼을 집어 올리기 전에 반드시 볼의 위치를 마크해 두어야 한다. 만약 플레이어가 위원회의 명확한 허가 없이 경기를 중단하고 볼을 집어 올렸다면, 위원회에 보고할 때(규칙 제6조 8항 1)) 볼을 집어 올린 사실을 즉시 알려야 한다. 만일 플레이어가 정당한 이유 없이 볼을 집어 올리거나, 볼을 집어 올리기 전에 볼의 위치를 마크하지 않았거나, 집어 올린 사실을 보고 하지 않았을 경우, 그는 1벌디를 받게 된다.

4) 플레이가 재개될 때의 처리 절차

플레이는 비록 다음 날 재개되더라도 중단되었던 그 위치에서 재개되어야 한다. 플레이어는 플레이가 재개되기 전이나 재개될 때, 다음 절차에 따라 처리하여야 한다.

(1) 플레이어가 볼을 집어 올렸으면 그는 규칙 제6조 8항 1)에 의해 집어 올릴 자격이 있어야 하고, 최초의 볼을 집어 올렸던 지점에 볼을 플레이스 하여야 한다. 그렇지 않으면, 최초의 볼은 리플레이스 되어야 한다.

(2) 규칙 제6조 8항 1)에 의해 볼을 집어 올릴 권리가 있는 플레이어가 그렇게 하지 않았을 경우, 그는 볼을 집어 올려 닦을 수 있으며, 또한 최초의 볼을 집어 올려 닦을 수 있으며, 또한 최초의 볼을 집어 올린 지점에 리플레이스 하거나 다른 볼로 교체할 수 있다. 볼을 집어 올리기 전에 반드시 그 위치를 마크해야 한다.

(3) 플레이가 중단된 사이에(바람이나 물의 영향을 포함해) 볼 또는 볼마커가 움직였을 경우, 볼 또는 볼마커는 최초의 볼이나 볼마커가 움직인 지점에 플레이스 하여야 한다(위치를 결정할 수 없을 때 – 규칙 제20조 3항 3)을 참조).

본 규칙 제6조 8항 4)의 반칙 시, 매치 플레이는 홀의 패.

스트로크 플레이는 2벌타.

– 플레이어가 규칙 제6조 8항 4)위반에 의해 일반의 벌타를 적용받았을 때, 규칙 제6조 8항 3)에 따른 추가적인 벌타는 적용되지 않는다.

제8조 어드바이스;플레이 선의 지시
(Advice;Indicating Line of Play)

- 어드바이스
어드바이스란 플레이어가 플레이의 결단, 클럽의 선택 또는 스트로크의 방법에 영향을 주는 조언이나 시사를 말한다. 규칙이나 공지사항, 예를 들면 해저드나 퍼팅 그린상의 깃대의 위치 등을 알리는 것은 어드바이스가 아니다.

- 플레이의 선
플레이의 선은 플레이어가 스트로크 후 볼이 가기를 원하는 방향과 그 방향의 양쪽 적절한 거리도 포함한다. 플레이의 선은 지면에서 수직상향으로 연장되나 홀을 넘어서는 연장되지 않는다.

1항 어드바이스(Advice)
정규 라운드 동안, 플레이어는 그의 파트너를 제외한, 경기에 참가한 어느 누구에게도 어드바이스를 주어서는 안 된다. 플레이어는 정규 라운드 동안 자기의 캐디, 파트너 및 그의 캐디에게서만 어드바이스를 구할 수 있다.

2항 플레이선의 지시(Indicating Line of Play)

1) 퍼팅 그린 위 이외
볼이 퍼팅 그린 위에 있는 경우를 제외하고 플레이어는 누구로부터도 플레이의 선에 대하여 지시를 받을 수 있다. 그러나 스트로크가 진행되는 중에는 그 선상 또는 그 선 가까이 또는 홀을 넘어 그 선의 연장선상에 누구도 세워 두지 못한다. 한 홀의 플레이 중 플레이어가 또는 그의 승인 하에 놓아 둔, 선을 표시하는 마크는 스트로크 전에 제거하지 않으면 안 된다.
－예외 : 사람이 붙어 서 있거나 들어올린 깃대(제17조 1항)

2) 퍼팅 그린 위
볼이 퍼팅 그린 위에 있을 때는 플레이어의 캐디, 파트너 또는 그의 캐디는 스트로크 전에 한하여 퍼팅 선을 시사할 수 있으나 그때 퍼팅 그린 면에 접촉해서는 안 된다. 퍼팅 그린 위 어느 장소에도 퍼팅 선을 가리키는 마크를 놓아서는 안 된다.
본 조의 반칙은, 매치 플레이는 그 홀의 패.
스트로크 플레이는 2벌타.
－주 : 위원회는 팀 경기의 조건(규칙 제33조 1항)에서 각 팀에게, 팀 멤버 전원을 어드바이스(퍼팅선의 지시를 포함)할 수 있는 1명의 지명을 허용할 수 있다. 위원회는 그러한 지명과 그에게 허용된 행동 범위에 관한 조건을 규정할 수 있으며, 지명된 사람은 어드바이스를 하기 전에 위원회에 그 신분확인을 하여야 한다.

제11조 티잉 그라운드(Teeing Ground)

- 티잉 그라운드

플레이 할 홀의 출발장소를 말한다. 이것은 2개의 티 마크의 외측을 경계로 하여 전면과 측면이 한정되며, 측면외 길이가 2클럽 길이인 장방형인 구역이다. 볼 전체가 이 티잉 그라운드 구역 밖에 있을 때에는 티잉 그라운드의 밖에 있는 볼이다.

1항 티잉(Teeing)

볼을 티잉할 때는 그 티잉 그라운드 위에 그냥 놓든가, 플레이어가 만든 성토, 티, 모래 또는 그 지면으로부터 볼을 높이 놓기 위하여 다른 물건 위에 볼을 놓을 수 있다. 플레이어는 티잉 그라운드 내에 있는 볼을 플레이할 때 티잉 그라운드 외에 설 수 있다.

2항 티 마커(Tee-Markers)

플레이어가 현재 플레이 하는 홀의 티잉 그라운드에서 최초의 스트로크를 하기 전까지 티 마커는 고정물이다. 그러한 경우 자기의 스탠스, 의도하는 스윙 구역 또는 플레이 선의 방해를 피할 목적으로 플레이어가 티 마커를 움직이거나, 움직이게 한다면 플레이어는 제13조 2항의 반칙으로 벌타를 부가 받는다.

3항 티에서 떨어지는 볼(Ball Falling Off Tee)

인 플레이가 되기 이전의 볼이 티에서 떨어지거나 플레이어가 어드레스 중에 떨어뜨렸으면 벌 없이 다시 티잉을 할 수 있다. 만일 그러한 상태에서 볼에 스트로크가 행해졌다면 그 볼이 움직이고 있었던 상태인지, 멎어 있었던 상태인 지에 관계없이 그 스트로크는 1타로 계산할 뿐 벌은 없다.

4항 티잉 그라운드 구역 밖에서의 플레이(Playing from Outside Teeing Ground)

1) 매치 플레이

플레이어가 한 홀의 출발에 있어서 티잉 그라운드의 구역 밖에서 볼을 플레이한 때에는 상대방은 즉시 그 플레이어에게 그 스트로크를 취소하고 티잉 그라운드 구역 내에서 벌 없이 다시 플레이할 것을 요구할 수 있다.

2) 스트로크 플레이

경기자가 한 홀에서 출발할 때 티잉 그라운드 구역 밖에서 볼을 플레이 하였을 경우에는 2타 부가하고, 그 티잉 그라운드 구역 내에서 다시 스트로크하지 않으면 안 된다. 만일 그 경기자가 다음 티잉 그라운드에서 스트로크하기 전의 첫 잘못을 정정하지 않거나, 또는 라운드의 최종 홀에서는 퍼팅 그린을 떠나기 전에 그의 잘못을 정정할 의사를 선언하지 않으면 경기에 실격된다. 경기자가 티잉 그라운드 구역 밖에서 플레이한 스트로크 수와 그의 잘못을 시정하기 전에 그 홀에서의 계속한 스트로크 수는 그의 스코어에 가산하지 않는다.

5항 틀린 티잉 그라운드에서의 플레이
규칙 제11조 4항을 적용한다.

제12조 볼의 수색과 식별
(Searching for and Identifying Ball)

- 해저드
모든 벙커 또는 워터 해저드를 말한다.

- 벙커
대개의 경우 오목한 지역으로 풀과 흙이 제거되고 그 대신 모래 또는 모래와 같은 것을 넣어서 지면에 조성한 구역으로 된 해저드이다. 벙커 안이나 가일지라도 풀로 덮인 부분은 벙커의 일부가 아니다. 벙커의 한계는 수직아래쪽으로 연장될 뿐 위쪽으로는 아니다. 볼이 벙커 안에 놓여 있거나 볼의 일부라도 벙커에 접촉하고 있을 때 벙커안의 볼이다.

- 워터 해저드
모든 바다, 호수, 못, 하천, 도랑, 배수구의 표면 또는 뚜껑이 없는 수로(물의 유무를 불문한다) 및 이와 유사한 수역을 말한다. 워터 해저드 구역 경계 내의 모든 지면 또는 수면은 그 워터 해저드의 일부분이다. 워터 해저드의 경계선은 수직으로 그 위아래까지 연장 적용된다. 워터 해저드 구역의 경계를 표시하는 말뚝과 선은 해저드 내로 된다. 그러한 말뚝은 장해물이다. 볼이 워터 해저드 안에 놓여 있거나 볼의 일부라도 워터 해저드에 접촉하고 있을 때 워터 해저드의 볼이다.

1항 볼의 수색(Searching for Ball ; Seeing Ball)
코스상의 자기 볼을 찾기 위하여 긴 풀, 골 풀, 관목 또는 이와 유사한 것들을 만지거나 구부릴 수 있지만 그것은 볼의 라이, 의도하는 스윙 구역과 플레이의 선을 개선함이 없이 볼의 소재와 자기 볼을 확인하는 한도 내에서야 한다. 플레이어가 스트로크를 할 때 반드시 볼이 보이는 상태여야 한다고 주장할 권리를 갖지 않는다.

해저드 내에서는 볼이 루스 임페디먼트 또는 모래에 덮여 있을 때, 볼의 일부가 보이는 한도까지는 이를 후비거나 고무래로 긁어 헤치거나 다른 방법으로 제거할 수 있다. 이 경우 볼이 움직이면 벌 없이 리플레이스 하여야 하고 필요하면 다시 덮어야 한다. 해저드 외의 루스 임페디먼트의 제거는 규칙 제23조 참조.

비정상적인 코스 상태 내에 정지된 볼이 수색 중에 움직여져도 벌은 없고, 제25조 1항 2)에 의한 처리를 선택하지 않았을 때는 그 볼은 리플레이스 하여야 한다. 플레이어는 그 볼을 리플레이스 하였더라도 규칙을 적용할 수 있으면 제25조 1항 2)에 의한 처리를 할 수 있다.

볼이 워터 해저드 내의 물 속에 들어갔다고 믿어질 때는 클럽 기타 물건으로 볼을 수색할 수 있다. 이로 인하여 볼이 움직여져도 벌은 없으며, 제26조 1항에 따른 처리를 선택하지 않는 한 그 볼은 리플레이스 하여야 한다.

본 항의 반칙은, 매치 플레이는 그 홀의 패.

스트로크 플레이는 2타 부가.

2항 볼의 식별(Identifying Ball)

정당한 볼을 플레이할 책임은 플레이어 자신에게 있다. 각 플레이어는 자기 볼을 식별할 수 있는 표시를 해두어야 한다. 해저드 내를 제외하고 벌 없이 자기 볼이라고 믿어지는 볼을 식별하기 위하여 집어 올려 식별에 필요한 한도까지 볼을 닦을 수 있다. 그리고 그 볼이 자기의 볼이면 리플레이스 하여야 한다.

플레이어는 볼을 집어 올리기 전에 매치 플레이 시는 상대방에게, 스트로크 플레이 시는 마커나 동반 경기자에게 자신의 의사를 통고하고 그 볼의 위치를 마크해야 한다. 그 후 그의 상대방이나 마커 혹은 동반 경기자에게 볼을 집어 올리는 것과 리플레이스 하는 것을 감시할 기회를 주어야 한다. 만일 플레이어가 사전에 의사를 통고하지 않고 볼을 집어올리거나, 볼의 위치를 마크하지 않거나, 상대방이나 마커 혹은 동반 경기자에게 감시할 기회도 주지 않고, 또는 해저드 내에서 식별을 위하여 볼을 집어 올리거나 식별의 필요 이상 볼을 닦는 경우 등에는 1벌타를 부가하고 그 볼은 리플레이스 하여야 한다.

볼의 리플레이스를 요구받은 플레이어가 리플레이스를 이행하지 않았을 때는 제20조 3항 1)의 반칙의 벌이 과하여지나 제12조 2항에 의한 벌은 가산 적용되지 않는다.

제13조 볼은 있는 상태 그대로 플레이 ; 볼의 라이, 의도하는 스윙의 구역 및 플레이의 선 ; 스탠스 (Ball Played As It Lies;Lie, Area of Intended Stance Swing and Line of Play;Stance)

1항 통칙(General)

볼은 규칙에서 따로 정한 경우를 제외하고는 있는 상태 그대로 플레이하여야 한다(정지된 볼이 움직여진 경우는 제18조 참조).

2항 볼의 라이, 의도하는 스탠스 스윙의 구역 또는 플레이 선의 개선 (Improving Lie, Area of Intended Swing or Line of Play)

규칙에서 정한 경우를 제외하고, 경기자는 다음의 것을 개선하거나 개선시켜서는 안 된다.

(1) 자기 볼의 위치 또는 라이

(2) 의도하는 스윙구역

(3) 자기의 플레이 선 또는 그 홀을 넘은 건너편의 그 선의 적절한 연장부분

(4) 자기의 볼을 드롭하거나 플레이스 하고자 하는 지역

즉, 이러한 상기 목적을 위한 다음과 같은 행위를 하여서는 안 된다.

(5) 생장물 또는 고정물(움직일 수 없는 장해물과 아웃 오브 바운드를 표시하는 물건 포함)을 움직이거나 구부리거나 꺾는 행위

(6) 지면이 울퉁불퉁한 곳을 고르게 하거나 지면을 돋우는 행위

(7) 모래, 흩어진 흙, 메워진 디보트, 새로 깐 잔디, 기타 표면이 고르지 못한 곳 등을 제거하거나 누르는 행위

다만 다음과 같은 경우는 제외된다.

(1) 바른 스탠스를 취하는 과정에서 일어난 경우

(2) 스트로크를 할 때 또는 스트로크를 하기 위하여 클럽을 후방으로 움직일 경우

(3) 티잉 그라운드에서 지면을 고르게 할 경우

(4) 퍼팅 그린 위의 모래와 흩어진 흙을 제16조 1항 1)의 규정에 따라 제거할 때

(5) 제16조 1항 3)의 규정에 따라 손상된 곳을 수리할 경우

클럽은 지면에 가볍게 놓을 수 있으나 그것으로 지면을 눌러서는 안 된다.

-예외 : 볼이 해저드 내에 있는 경우는 제13조 4항 참조

3항 스탠스의 장소를 만드는 것(Building Stance)

플레이어는 스탠스를 취할 때에 지면을 힘껏 밟을 수는 있으나 스탠스의 장소를 특별히 만들지는 못한다.

4항 볼이 해저드 내에 있을 경우(Ball in Hazard)

규칙에서 정한 경우를 제외하고, 해저드 내에 정지하고 있거나 또는 해저드(벙커 또는 워터 해저드) 내에서 집어 올려서 해저드에 드롭 또는 플레이스할 볼을 스트로크 하기 전에 플레이어는 다음의 행동을 해서는 안 된다.

1) 그 해저드 또는 다른 유사한 해저드의 상태를 테스트하는 것

2) 해저드 내의 지면, 워터 해저드 내의 물에 클럽 또는 다른 것을 접촉하는 것

3) 그 해저드 내에 있거나 또는 접촉되어 있는 루스 임페디먼트에 접촉하거나 움직이는 것

-예외 :

(1) 해저드의 상태를 테스트하거나 볼의 라이를 개선시키기 위한 행동을 하지 않았다면, 플레이어가 ① 넘어서서 또는 넘어지지 않기 위해서, 또는 장해물을 제거하거나, 거리를 재거나, 규칙에 의거 볼을 회수하거나 집어 올리다가 해저드 내의 지면이나 워터 해저드 내의 물에 접촉하거나, ② 해저드 내

에 클럽을 놓는 행위에 벌타가 부가되지 않는다.
(2) 플레이어가 스트로크를 한 후, 그의 캐디는 언제든지 플레이어의 승인 없이 그 해저드 내의 모래 또는 흙을 정지할 수 있다. 그러나 볼이 아직 해저드 내에 정지되어 있는 경우는 라이의 개선이 되거나 그 홀의 계속되는 플레이에서 플레이어를 원조하는 행위를 해서는 안 된다.
-주 : 어드레스 시나 스트로크를 위한 백 스윙 동작을 위하여 어떤 경우라도 플레이어는 클럽 등으로 장해물 또는 위원회가 코스의 일부라고 선언한 구축물, 풀, 관목 숲, 수목, 기타 생장하고 있는 물건에 접촉할 수 있다.
본 조의 반칙,
매치 플레이는 그 홀의 패.
스트로크 플레이는 2타 부가(볼의 수색은 제12조 1항).

제16조 퍼팅 그린(The Putting Green)

- 퍼팅 그린
현재 플레이를 하고 있는 홀의 퍼팅을 위하여 특별히 정비한 전 구역을 말한다. 볼의 일부가 퍼팅 그린에 접촉하고 있으면 퍼팅 그린 위의 볼이다.

- 퍼트의 선
퍼팅 그린에서 플레이어가 스트로크 후에 볼이 가기를 원하는 선을 말한다. 규칙 제16조 1항 5)에 관한 것만 제외하고 퍼트의 선은 의도했던 선의 양쪽 방향의 적절한 거리도 포함한다. 퍼트의 선은 홀을 넘어서는 연장되지 않는다. 볼이 홀의 원통 내에 정지했을 때 그리고 볼의 전부가 홀의 가보다도 아래에 있을 때 그 볼은 홀에 들어간 볼이다.

1항 통칙(General)

1) 퍼트의 선에의 접촉
다음의 경우를 제외하고 퍼트의 선에 접촉해서는 안 된다.
(1) 플레이어는 손 또는 클럽으로 모래, 흩어진 흙 또는 루스 임페디먼트를 집어 올리거나 옆으로 쓸어낼 수 있으나 이때 어떤 것도 눌러서는 안 된다.
(2) 볼에 어드레스할 때 플레이어는 클럽을 볼 전방에 놓을 수 있으나 아무것도 누르지 않아야 한다.
(3) 어떤 볼이 먼가를 측정할 때-제10조 4항
(4) 볼을 집어 올릴 때-제16조 1항 2)
(5) 볼 마크를 눌러 꽂을 때
(6) 이미 사용했던 홀을 메운 자국과 볼의 낙하충격으로 인한 퍼팅 그린 위의 손상을 수리할 때-제16

조 1항 3)
(7) 움직일 수 있는 장해물을 제거할 때-제24조 1항(퍼팅 그린 위의 퍼팅선 지시에 관하여는-제8조 2항 2) 참조)

2) 볼을 집어 올리는 것
퍼팅 그린 위의 볼을 집어 올릴 수 있고 닦을 수 있다. 집어 올린 볼은 원위치에 리플레이스 하여야 한다.

3) 홀 컵 자리, 볼 마크 및 다른 손상의 수리
홀 컵을 메운 자국과 볼의 낙하 충격으로 인한 퍼팅 그린 위의 손상은 플레이어의 볼이 그 퍼팅 그린 위에 있으나 없으나 상관없이 수리할 수 있다. 볼이나, 볼 마크가 수리 과정에서 움직여지면 벌 없이 리플레이스 하여야 한다. 퍼팅 그린의 다른 어떠한 손상도 그 홀에서의 계속되는 플레이에 도움이 될 수 있는 경우 수리되어서는 안 된다.

4) 그린면의 테스트
한 홀의 플레이 중에는 플레이어는 퍼팅 그린 위에서 볼을 굴리거나 그린의 면을 문지르거나 긁어서 그린 면을 테스트하지 못한다.

5) 퍼트의 선을 걸터 서거나 밟고 서는 것
플레이어는 퍼팅 그린 위에서 퍼트의 선 또는 볼 후방 연장선을 걸터 서거나 밟는 스탠스로 스트로크 해서는 안 된다.

6) 다른 볼이 움직일 때의 플레이 금지
플레이어는 퍼팅 그린 위에서 스트로크한 다른 플레이어의 볼이 움직이고 있는 동안은 스트로크를 해서는 안 된다. 단, 그 때가 그 플레이어가 플레이 할 순서일 경우는 예외이며, 이때 벌은 부가되지 않는다(타인의 볼이 움직이고 있는 동안 플레이의 방해나 원조가 되는 볼의 집어 올리기-제22조 참조).
본 항의 반칙은,
매치 플레이에서는 그 홀의 패.
스트로크 플레이에서는 2벌타.
(파트너 또는 캐디의 위치 - 규칙 제14조 2항을 참조)
(목적 외 퍼팅 그린 - 규칙 제25조 3항을 참조)

2항 홀에 걸려 있는 볼(Ball Overhanging Hole)
볼의 일부가 홀의 가장자리에 걸려 있는 상태일 때, 플레이어는 볼의 정지여부를 확인하기 위하여 부당한 지연 없이 홀까지 가기 위한 충분한 시간에 추가하여, 볼의 정지여부를 확인하기 위한 10초의 시간이 허용된다. 만일 그래도 볼이 떨어져 들어가지 아니한 때에는 정지한 볼로 간주한다. 그래도 그 시한 후에 볼이 홀에 떨어졌을 때 플레이어는 최후의 스트로크로 홀 아웃한 것으로 간주하고 그 홀의 스코어에 벌 1타를 부가해야 한다. 이밖의 본 조항에 의한 벌은 없다(부당한 지연-제6조 7항 참조).

제17조 깃대(The Flag-stick)

깃대는 홀의 위치를 가리키기 위해 깃발이 붙어있거나 깃발이 없이 다른 물건이 붙어 있는 수직의 이동할 수 있는 표지물이다. 그것의 단면은 원형이어야 한다.

1항 깃대에 시중들기, 제거 또는 들어올리기 (Flag-stick Attended, Removed or Held Up)

플레이어는 스트로크 전이나 스트로크 중, 깃대에서 사람이 시중들게 하거나, 깃대를 제거시키거나, 또는 홀의 위치를 표시하기 위하여 들어 올리게 할 수 있다. 이것은 스트로크를 하기 전의 플레이어의 권한에 의하여서만 할 수 있다.

만일 스트로크 전에 누군가 깃대에 붙어 서 있거나 깃대를 제거하는 것을 알고도 제지하지 아니한 경우 플레이어가 그 사실을 승인한 것으로 간주한다.

스트로크를 하고 있는 동안에 누구라도 깃대에 붙어 서 있거나 깃대를 제거하거나 또는 홀 가까이에 서 있으면 그 사람은 볼이 정지할 때까지 깃대에 붙어 서 있는 것으로 간주한다.

2항 무단히 깃대에서 시중들기(Unauthorised Attendance)

1) 매치 플레이

매치 플레이에서 상대방 또는 그의 캐디는, 플레이어가 스트로크를 하고 있는 동안 또는 플레이어의 볼이 움직이고 있는 동안 무단히 혹은 플레이어가 인지하기 전에 깃대에 붙어 서거나 깃대를 제거하지 못한다.

2) 스트로크 플레이

경기자가 스트로크를 하고 있든가 그 볼이 움직이고 있는 동안에 동반 경기자 또는 그의 캐디가 경기자의 승인이나 사전 인지 없이 깃대에 붙어 서거나 제거한 경우, 동반 경기자에게 이 규칙위반의 벌이 과하여진다. 이 경우 경기자의 볼이 깃대, 붙어 서 있는 사람 또는 그의 휴대품에 맞으면 경기자에게는 벌이 없고, 그 볼은 정지한 위치에서 플레이 되어야 한다.

다만, 그 스트로크가 퍼팅 그린 위에서 플레이 된 것은 취소되어야 하며, 볼은 리플레이스 하여 다시 스트로크 하여야 한다.

본 조 1항 또는 2항의 반칙은, 매치 플레이는 그 홀의 패.

스트로크 플레이는 2타 부가.

3항 볼이 깃대 또는 깃대에서 시중들고 있는 사람에 맞은 경우 (Ball Striking Flagstick or Attendant)

플레이어는 다음의 것에 볼을 맞혀서는 안 된다.

1) 플레이어, 파트너, 그들의 캐디 또는 플레이어가 승인 또는 인지한 사람이 붙어 서 있거나 또는 제거한 때의 깃대.

2) 깃대에 붙어 서 있는 플레이어의 캐디, 파트너와 그의 캐디 또는 깃대에 붙어 서 있는 그 이외의 사람으로 플레이어가 승인 또는 인지한 사람 및 위의 사람들이 그 때 휴대하고 있는 모든 물건.

3) 퍼팅 그린 위에서 볼이 플레이된 경우, 사람이 붙어 서 있지 아니한 홀에 꽂힌 깃대.

본 항의 반칙은,

매치 플레이는 그 홀의 패.

스트로크 플레이는 2타 부가하고 볼이 정지한 곳에서 플레이를 계속하여야 한다.

4항 깃대에 기대어 있는 볼(Ball Resting Against Flag-stick)

플레이어의 볼이 홀에 꽂힌 깃대에 기대어 정지한 때에 플레이어 또는 플레이어가 승인한 사람이 깃대를 움직이거나 빼낼 수 있다. 이때 볼이 홀에 들어가면 플레이어의 마지막 스트로크로써 홀 아웃한 것으로 하며, 볼이 움직여서 홀에 들어가지 않으면 벌 없이 볼을 홀의 가장자리에 플레이스하여야 한다.

제18조 정지된 볼이 움직여진 경우(Ball at Rest Moved)

– 움직인 것

볼이 정지하고 있는 위치에서 다른 위치로 옮겨가서 정지한 때 그 볼은 '움직인 것'으로 간주한다.

– 국외자

매치 플레이에서는 매치에 관계없는 사람과 사물을 말하며, 스트로크 플레이에서는 그 경기자의 사이드에 속하지 않는 사람과 사물을 말한다. 심판원, 마커, 업저버 또는 포어캐디는 국외자이며, 바람과 물은 국외자가 아니다.

– 휴대품

플레이어가 사용, 착용 혹은 휴대하는 물건을 말하며, 플레이어가 플레이 중의 볼, 혹은 볼의 위치나 볼을 드롭할 구역을 마크할 때 사용하는 동전이나 티와 같은 작은 물건은 휴대품이 아니다.

휴대품 중에는 수동, 자동의 골프 카트도 포함된다. 골프 카트를 두 명 또는 그 이상의 플레이어가 공동 사용할 경우 그 골프 카트와 그 안에 실린 모든 것은 볼이 관련된 플레이어의 휴대품으로 본다. 다만, 그 카트를 공동으로 사용하는 경우, 플레이어 중 한 사람에 의하여 이동될 경우에는 그 카트 및 그것에 실린 모든 것들은 그 플레이어의 휴대품으로 간주한다.

-주 ; 현재 플레이 중인 홀에서 플레이 되었던 볼이 집어 올려진 후 다시 플레이 되지 않았을 경우 그 볼은 휴대품이다.

플레이어가 스탠스를 취하고 클럽을 지상에 대었을 때 어드레스한 것으로 친다. 단, 해저드에서는 스탠스를 취한 때에 어드레스한 것이 된다. 플레이어가 스트로크를 하기 위하여 발을 제 위치에 정하고 섰을 때 스탠스를 취한 것으로 한다.

1항 국외자에 의하여 움직여진 경우(By Outside Agency)

정지하고 있는 볼이 국외자에 의하여 움직여졌을 때 플레이어는 벌 없이 다음 스트로크를 하기 전에 리플레이스 하여야 한다(플레이어의 정지된 볼이 다른 볼에 의하여 움직여졌을 경우-제18조 5항 참조).

2항 플레이어, 파트너, 캐디 또는 휴대품에 의하여 움직여진 경우 (By Player, Partner, Caddie or Equipment)

1) 통칙

플레이어의 볼이 인 플레이인 때

(1) 규칙에서 허용하는 경우를 제외하고 플레이어, 그의 파트너와 그들의 캐디가 볼을 집어 올리거나, 움직이거나, 고의로 접촉하거나(어드레스 동작 중에 클럽으로 한 것은 제외) 움직여지는 원인이 되는 일을 한 때

(2) 플레이어 또는 그의 파트너의 휴대품이 볼을 움직이게 한 원인으로 된 때

그 플레이어에게 1타의 벌이 과하여진다. 플레이어가 스윙을 시작한 후에 볼이 움직여졌고 그 스윙을 중지하지 않는 경우 이외에는 움직여진 그 볼은 리플레이스 하여야 한다.

플레이어가 다음의 경우에 실수로 자기 볼을 움직여도 본 규칙에 의한 벌은 없다.

① 어느 볼이 홀로부터 먼가를 결정하기 위한 측정을 하던 중-제10조 4항
② 해저드 내에 매몰된 볼, 캐주얼 워터, 수리지 등의 안에 있는 볼을 찾던 중-제12조 1항
③ 홀을 메운 자리 또는 볼 마크의 수리 중-제16조 1항 3)
④ 퍼팅 그린 위의 루스 임페디먼트를 제거 중-제18조 2항 3)
⑤ 규칙에 따라 볼을 집어 올리는 동작 중-제20조 1항
⑥ 규칙에 따라 볼을 플레이스 또는 리플레이스 하는 동작 중-제20조 3항 1)
⑦ 움직일 수 있는 장해물의 제거 중-제24조 1항

2) 어드레스 후에 움직여진 볼

어드레스 후 스트로크의 결과 이외의 원인으로 플레이어의 인 플레이 볼이 움직여진 때에는 플레이어가 그 볼을 움직인 것으로 간주하고 1타 부가한다. 플레이어가 스윙을 시작한 후에 볼이 움직여졌고 그 스윙을 중지하지 않았을 경우 이외에는 움직인 그 볼은 리플레이스 하여야 한다.

3) 루스 임페디먼트에 접촉한 후에 움직여진 볼

스루 더 그린에서 플레이어, 그의 파트너 또는 그들의 캐디가 볼에서 1클럽 길이 이내에 있는 루스 임페디먼트에 접촉한 후에 볼이 움직인 때에는 플레이어가 볼에 어드레스하기 전이라도 볼이 움직인 것으로 간주되어 1타의 벌이 부가된다. 플레이어가 스윙을 시작한 후에 볼이 움직여졌고, 그 스윙을 중지하지 않았을 경우 이외에는 그 볼은 리플레이스 하여야 한다.

퍼팅 그린 위에서 루스 임페디먼트를 제거하는 동작 중에 볼 또는 볼 마커가 움직여진 경우, 그 볼이나 볼 마커는 리플레이스 되어야 한다. 볼이나 볼 마커가 움직인 것이 오직 루스 임페디먼트의 제거에 기인할 경우 벌은 없다. 그 밖의 경우는 규칙 제18조 2항 1) 혹은 제20조 1항에 의하여 1타의 벌이 부가된다.

3항 매치 플레이에서 상대방, 캐디 또는 휴대품에 의하여 움직여진 볼
(By Opponent, Caddie or Equipment in Match Play)

1) 수색 중에 움직여진 볼

만일 플레이어의 볼을 찾는 동안 상대방, 그의 캐디 또는 그의 휴대품에 의하여 볼이 움직여져도 벌은 없고, 플레이어는 그 볼을 리플레이스 하여야 한다.

2) 수색 중 이외에서 움직여진 볼

볼 수색 중 이외의 경우 상대방, 그의 캐디 또는 그의 휴대품이 볼에 접촉하거나 또는 볼이 움직여졌을 때는 따로 규칙에서 정하는 경우를 제외하고 그 상대방에게 1타의 벌이 부가된다. 플레이어는 움직인 볼을 리플레이스 하여야 한다(어느 볼이 홀에서 먼가를 결정하기 위하여 측정하던 중 움직여진 볼-제10조 4항 참조)(오구의 플레이-제15조 2항 참조).

4항 스트로크 플레이에서 동반 경기자, 캐디 또는 휴대품에 의하여 움직여진 볼
(By Fellow-Competitor, Caddie or Equipment in Stroke Play)

경기자의 볼이 동반 경기자, 그의 캐디 또는 휴대품에 의하여 움직여져도 벌은 없으며, 경기자는 그 볼을 리플레이스 하여야 한다.
(오구의 플레이 -제15조 3항 참조)

5항 다른 볼에 의하여 움직여진 볼(By Another Ball)

정지한 인 플레이의 볼이 움직이는 다른 볼에 의하여 움직여진 경우, 움직여진 그 볼은 리플레이스 하여야 한다.

본 조의 벌칙은, 매치 플레이는 그 홀의 패.

스트로크 플레이는 2벌타.

볼의 리플레이스를 요구받은 플레이어가 이를 이행하지 않으면 그 플레이어는 본 제18조의 위반으로 일반의 벌이 과하여지며, 본 제18조에 의한 추가의 벌은 부가되지 않는다.

-주1 : 본 조항에 의하여 리플레이스 되어야 할 볼이 곧 회수되지 못하는 경우는 다른 볼로 교체할 수 있다.

-주2 : 볼을 플레이스 하는 지점의 결정이 불가능한 경우는 제20조 3항 3) 참조.

제19조 움직이고 있는 볼이 방향 변경 또는 정지되는 경우 (Ball in Motion Deflected or Stopped)

1항 국외자에 맞은 경우(By Outside Agency)

움직이고 있는 볼이 우연히 국외자에 의하여 정지되거나 방향을 바꾼 때에는 러브 오브 더 그린이며, 벌 없이 그 볼은 있는 상태 그대로 플레이 되어야 한다.

다만, 다음의 경우는 제외한다.

1) 퍼팅 그린 위 이외에서 스트로크 되어 움직이고 있는 볼이 움직이거나 살아 있는 국외자의 안이나 위에 멎었을 경우는 그때 국외자가 있었던 위치에 가능한 한 가까운 곳에 볼을 스루 더 그린 또는 해저드에서는 드롭하고 퍼팅 그린 위에서는 플레이스하여야 한다.

2) 퍼팅 그린 위에서 스트로크한 후 움직이고 있는 볼이 살아 움직이는 국외자(단, 벌레나 곤충 제외)에 의하여 방향이 변경되거나 정지되거나 또는 국외자의 안 또는 위에 멎었을 경우에는 그 스트로크를 취소하고 그 볼은 리플레이스 되어 다시 스트로크 하여야 한다.

만일 그 볼을 즉시 회수하지 못할 경우는 다른 볼로 교체할 수 있다(플레이어의 볼이 정지하고 있는 다른 볼에 의하여 방향이 변경되거나 정지되는 경우 제19조 5항 참조).

-주 : 심판원 또는 위원회가 판정하여 경기자의 볼이 국외자에 의하여 고의로 방향이 변경되었거나 정지됐다고 판정하는 때는 그 경기자에 대해서는 제1조 4항이 적용되고, 그 국외자가 동반 경기자 또는 그의 캐디인 때 동반 경기자에 대해서는 제1조 2항이 적용된다.

2항 플레이어, 파트너, 캐디 또는 휴대품에 맞은 경우 (By Player, Partner, Caddie or Equipment)

1) 매치 플레이
플레이어가 친 볼이 그 자신, 그의 파트너, 그들의 캐디나 그들의 휴대품에 의하여 우연히 정지되거나 방향을 바꾼 때에는 플레이어는 그 홀에서 패한다.

2) 스트로크 플레이
경기자의 볼이 그 자신, 그의 파트너, 그들의 캐디나 그들의 휴대품에 의하여 우연히 정지되거나 방향을 바꾼 때에는 경기자에게 2타의 벌을 부가하고, 볼은 있는 그대로의 상태에서 플레이 되어야 한다.
단, 볼이 그 자신, 그의 파트너, 그들의 캐디의 의복이나 휴대품에 들어갔거나, 위에 멎었을 경우에는 볼이 들어갔거나 멎은 때의 위치에 되도록 가까운 곳에서, 스루 더 그린 또는 해저드에서는 드롭, 퍼팅 그린 위에서는 플레이스 하여야 한다.
-예외 : 드롭한 볼-제20조 2항 1) 참조(볼이 플레이어 또는 그의 파트너나 캐디에 의하여 고의로 방향이 바뀌거나 정지되었을 경우-제1조 2항 참조).

3항 매치 플레이에서 상대방, 캐디 또는 휴대품에 맞은 경우 (By Opponent, Caddie or Equipment in Match Play)
플레이어가 친 볼이 상대방, 그의 캐디 또는 그들의 휴대품에 의하여 우연히 정지되거나 방향을 바꾼 때에는 벌이 없다. 플레이어는 볼이 있는 라이 그대로 플레이 하든가, 어느 사이드가 다음 스트로크하기 전에 그 스트로크를 취소하고 벌 없이 앞서 플레이된 볼의 지점과 되도록 가까운 곳에서 다시 플레이를 할 수 있다(규칙 제20조 5항 참조).
만일, 볼이 상대방, 그의 캐디의 의복이나 휴대품 안 또는 위에 멎었을 경우 그 볼이 그 물건 안이나 위에 멎었던 때의 위치에 되도록 가까운 곳에서 스루 더 그린 또는 해저드에서는 그 볼을 드롭, 퍼팅 그린 위에서는 플레이스 할 수 있다.
-예외 : 깃대에 붙어 서 있는 사람에 맞은 볼에 관하여는 제17조 3항 2) 참조(상대방 또는 그의 캐디에 의하여 고의로 방향이 변경되거나 정지된 볼-제1조 2항 참조).

4항 스트로크 플레이에서 동반 경기자, 캐디 또는 휴대품에 맞은 경우 (By Fellow-Competitor, Caddie or Equipment in StrokePlay)
국외자에 의하여 방향이 변경된 경우에 관한 제19조 1항 참조.

5항 다른 볼에 맞은 경우(By Another Ball)
1) 정지한 볼에 의하여
스트로크 후 움직이는 플레이어의 볼이 정지한 다른 인 플레이 볼에 의하여 방향을 바꾸거나, 정지하였을 때에는 플레이어는 볼을 있는 그대로의 상태에서 플레이 하여야 한다.

매치 경기에서는 벌이 없다. 스트로크 플레이에서 스트로크를 하기 전에 만일 쌍방의 볼이 퍼팅 그린 위에 있었을 경우에는 그 플레이어에게 2타의 벌이 부가되며, 기타의 경우에는 벌이 없다.

2) 움직이는 다른 볼에 의하여

스트로크 후 움직이는 플레이어의 볼이 움직이는 다른 볼에 의하여 방향을 바꾸거나 정지되었을 경우 그 플레이어는 벌 없이 자기 볼을 있는 그대로의 상태에서 플레이 하여야 한다. 이때 그 플레이어는 제16조 1항 6)의 위반이 있었을 경우, 소정의 벌을 부가 받으며, 기타의 경우에는 벌이 없다.
-예외 : 스트로크 후 움직이고 있는 플레이어의 볼이 퍼팅 그린 위에 있고 다른 움직이고 있는 볼이 국외자일 경우-제19조 1항 2) 참조.
본 조의 반칙은, 매치 플레이는 그 홀의 패.
스트로크 플레이는 2벌타.

제20조 볼의 집어 올리기, 드롭 및 플레이스, 오소에서의 플레이 (Lifting, Dropping and Placing; Playing from Wrong Place)

1항 볼의 집어 올리기와 마크하기(Lifting and Marking)

규칙에 의한 볼의 집어 올리기는 플레이어, 그의 파트너 또는 플레이어가 인정한 타인이 할 수 있다. 이 경우에 플레이어는 모든 규칙 위반에 대하여 그 책임을 져야 한다.

볼의 리플레이스를 요구하는 규칙에 의하여 집어 올릴 때는 사전에 그 볼의 위치를 마크해 두어야 한다. 만일 마크를 하지 않으면 그 플레이어에게 벌 1타가 부가되며, 그 볼은 리플레이스 하여야 한다. 만일 그 볼을 리플레이스 하지 않으면 그 플레이어는 본 규칙 위반에 대한 일반의 벌이 과해지나 본 조항 위반에 대한 추가의 벌은 적용하지 않는다.

규칙에 의한 볼의 집어 올리기 과정 혹은 볼의 위치를 표시하는 과정에서 우연히 볼이나 볼 마커가 이동된 경우에는 그 볼이나 볼마커는 리플레이스 되어야 한다. 그러한 볼의 이동이 위치의 표시 또는 볼을 집어 올리는 특정한 동작에 전적으로 기인할 경우 벌은 없다.

그렇지 않은 경우에 그 플레이어에게는 규칙 제18조 2항 1)에 의하여 1타의 벌이 부가된다.
-예외 : 만일 플레이어가 규칙 제5조 3항 혹은 규칙 제12조 2항대로 이행을 준수하지 못하여 벌을 받은 경우, 본 항에 의한 추가 벌은 부가되지 않는다.
-주 : 집어 올리는 볼의 위치는 가능하면 볼 마크, 작은 동전 또는 기타 작은 물건으로 볼 바로 뒤에 마크하여야 한다. 볼 마크가 다른 플레이어의 플레이, 스탠스 또는 스트로크를 방해할 때에는 그 마크는 클럽 헤드의 길이 하나 또는 그 이상 한쪽 옆에 놓아야 한다.

2항 드롭과 재드롭(Dropping and Re-dropping)

1) 드롭하는 사람과 방법

드롭되어야 하는 볼은 규칙에 따라서 플레이어 자신에 의하여 드롭되어야 한다. 플레이어는 똑바로 서서 볼을 들고 어깨 높이에서 팔을 완전히 펴서 드롭하여야 한다. 만일 다른 사람 또는 다른 방법으로 볼을 드롭하였을 때에는 그 잘못을 제20조 6항에서 규정한 대로 시정하지 않는 경우, 1타의 벌이 부가된다. 드롭한 볼이 코스의 일부에 떨어지기 전 또는 후에 플레이어, 파트너, 그들의 캐디 또는 휴대품에 접촉하면 그 볼은 벌 없이 재드롭하여야 한다. 이런 상황에서 재드롭할 때에는 횟수에 제한이 없다(볼의 위치 또는 움직임에 영향을 주는 동작을 한 것-제1조 2항 참조).

2) 드롭하는 장소

특정 지점에 되도록 가깝게 볼을 드롭할 경우, 이때 드롭은 특정 지점과 비교하여 홀과 가깝지 않아야 하며, 플레이어가 정확한 지점을 알지 못할 경우는 플레이어의 추정에 의한다.

볼을 드롭할 때는, 적용 규칙이 요구하는 드롭 지점인 코스의 일부에 볼이 먼저 떨어져야 한다. 만일 이와 같이 드롭된 것이 아닐 경우 규칙 제20조 6항과 7항이 적용된다.

3) 재드롭의 경우

드롭한 볼이 다음 상태로 되는 때는 벌 없이 다시 드롭하여야 한다.

(1) 해저드에 굴러 들어가거나 해저드 안에 멎는 경우
(2) 해저드에서 굴러 나오거나 해저드 외부에 멎는 경우
(3) 퍼팅 그린 위에 굴러 들어가거나 해저드 외부에 멎는 경우
(4) 아웃 오브 바운드에 굴러 들어가서 멎는 경우
(5) 규칙 제24조 2항(움직일 수 없는 장해물) 또는 규칙 제25조 1항(비정상적인 코스 상태)에 의하여 구제를 받았으나, 방해가 있는 위치로 굴러들어가는 때, 또는 규칙 제25조 2항 2)(지면에 박힌 볼)에 의하여 집어 올렸던 바로 그 볼 자국에 다시 굴러 들어간 때
(6) 볼이 처음 떨어진 코스의 부분에서 2클럽 길이 이상 굴러서 정지한 때
(7) 규칙으로 허용되어 있는 경우가 아니면 원위치나 또는 추정된 위치(규칙 제20조 2항 2 참조)보다 그 홀에 가깝게 굴러 정지하였을 때
① 규칙에서 허용된 경우가 아닐 때의 원위치 또는 추정위치(규칙 제20조 2항 2 참조)
② 가장 가까운 구제지점 또는 최대한 가용한 구제지점(규칙 제24조 2항, 제25조 1항, 제25조 3항)
③ 원구가 워터 해저드 또는 래터럴 워터 해저드 경계를 최후로 넘어간 지점(규칙 제26조 1항)
(8) 원구가 해저드나 그 구역 경계를 최후로 넘어간 지점보다 홀에 가까운 곳(규칙 제25조 1항 3) (1) (2)이나 워터 해저드(규칙 제26조 1항 2), 래터럴 워터 해저드(규칙 제26조 1항 3)의 경계를 최후로

넘어간 지점보다 홀에 가까운 곳에 굴러서 정지하였을 때

재드롭한 볼이 상기와 같은 장소에 굴러간 경우에는 재드롭 시 처음 떨어진 코스의 일부인 지점에 가능한 한 가까운 곳에서 플레이스 하여야 한다.

본 조항에 의히어 재드롭 또는 플레이스 해야 될 볼이 곧 회수되지 못하는 경우는 다른 볼로 교체할 수 있다.

-주 : 만약 드롭 또는 재드롭한 볼이 정지한 후에 움직였을 경우, 다른 규칙의 규정이 적용되지 않는 한 그 볼은 있는 그대로의 상태로 플레이되어야 한다.

3항 플레이스와 리플레이스(Placing and Replacing)

1) 플레이스 하는 사람과 장소

규칙에 의하여 플레이스 하는 볼은 플레이어 또는 그의 파트너가 플레이스 하여야 한다.

볼을 리플레이스 할 경우, 그 플레이어나 그의 파트너 혹은 그 볼을 집어 올렸거나, 움직여진 지점에서 플레이스 하여야 한다. 이 모든 경우에도 규칙위반에 대한 책임은 그 플레이어가 져야 한다. 볼을 플레이스 또는 리플레이스 하는 과정에서 볼이나 볼 마커가 우연히 움직여진 경우 그 볼이나 볼 마커는 리플레이스 되어야 한다.

볼이나 볼 마커의 움직임이 볼을 플레이스 혹은 리플레이스 하는 행위 혹은 볼 마커를 치우는 등의 특정행위에 전적으로 기인했을 경우 벌은 부가되지 않는다. 그렇지 않은 경우는 규칙 제18조 2항 1) 또는 제20조 1항에 의거 1타의 벌이 플레이어에게 부가된다.

2) 플레이스 또는 리플레이스를 요하는 볼의 라이가 변경되었을 때

(1) 해저드 이외의 장소에서는, 홀에 접근하지 않고 원위치에서 1클럽 길이 이내의 해저드 이외의 장소에 원 라이에 가장 유사하고 가장 가까운 라이에서 플레이스 해야 한다.

(2) 워터 해저드 안에서는 볼을 그 워터 해저드 내에 플레이스 해야 한다는 것을 제외하고 상기(1)에 따라서 플레이스 해야 한다.

(3) 벙커 내에서는 원 라이와 되도록 비슷한 상태로 복원하고, 그 라이에 플레이스 하여야 한다.

3) 위치가 불분명한 경우

볼을 플레이스 하거나 리플레이스 할 지점을 결정하지 못한 경우,

(1) 스루 더 그린에서는 원위치에 되도록 가깝고, 해저드 또는 퍼팅 그린 위가 아닌 장소에 드롭해야 한다.

(2) 해저드 내에서는, 해저드 내로서 원위치에 가장 가까운 장소에 드롭해야 한다.

(3) 퍼팅 그린 위에서는, 해저드 아닌 장소로 원위치에 가장 가까운 장소에 플레이스를 해야 한다.

4) 정지하지 않는 볼

플레이스한 볼이 플레이스되어야 할 지점에 정지하지 않을 때에는 그 볼을 벌 없이 다시 플레이스 하여야 한다. 그래도 볼이 그 지점에 정지하지 않을 때에는,

(1) 해저드 이외의 장소에서는, 홀에 접근하지 않고 해저드 아닌 장소로 볼이 플레이스 될 수 있는 곳에 가장 가까운 지점에 플레이스 해야 한다.

(2) 해저드 내에서는, 그 해저드 내로써 홀에 접근하지 않고 볼이 플레이스 될 수 있는 곳에 가장 가까운 지점에 플레이스 해야 한다.

만일 볼이 플레이스 되어야 할 지점에 플레이스 되어 정지한 이후, 그 볼이 움직이면 벌은 없으며, 다른 적용할 조항이 없는 한 그 볼은 있는 그대로 플레이 하여야 한다.

본 조 1항, 2항 또는 3항의 반칙은,

매치 플레이는 그 홀의 패.

스트로크 플레이는 2타 부가.

4항 드롭 또는 플레이스 하였을 때가 인 플레이 볼
(When Ball Dropped or Placed Is in Play)

플레이어의 인 플레이 볼이 집어 올려졌으면, 그 볼은 드롭 또는 플레이스 되었을 때 다시 인 플레이가 된다. 교체된 다른 볼은 드롭 또는 플레이스 되었을 때 인 플레이의 볼이 된다.

(잘못 교체된 볼-규칙 제15조 1항 참조)

(교체나 드롭 또는 플레이스를 잘못한 볼의 집어 올리기-규칙 제20조 6항 참조)

5항 전 스트로크를 한 곳에서 다음 스트로크의 플레이를 하는 경우
(Playing Next Stroke from Where Previous Stroke Played)

규칙에 의하여, 플레이어가 전 스트로크를 플레이 한 곳에서 다음 스트로크의 플레이를 선택할 때, 또는 하지 않으면 안 될 때 플레이어는 다음과 같은 처리를 하여야 한다.

스트로크를 티잉 그라운드에서 플레이할 경우는 티잉 그라운드 구역 내에서 플레이 하여야 하며, 티업 할 수도 있다. 스루 더 그린 또는 해저드에서 플레이 하는 경우에는 드롭하여야 한다. 퍼팅 그린 위에서 스트로크를 할 경우에는 플레이스 하여야 한다.

본 항의 반칙은,

매치 플레이는 그 홀의 패.

스트로크 플레이는 2타 부가.

6항 부정확한 교체나 드롭 또는 플레이스한 볼의 집어 올리기
(Lifting Ball Incorrectly Substituted, Dropped or Placed)

본 규칙에 반하여 부정확하게 교체되었거나, 오소에 드롭하였거나, 또는 플레이스 되어도 아직 플레이하지 않은 볼은 벌 없이 집어 올릴 수 있다.

7항 오소에서의 플레이(Playing from Wrong Place)
티잉 그라운드의 구역 외, 혹은 다른 티잉 그라운드에서의 플레이는 규칙 제11조 4항과 5항 참조

1) 매치 플레이
플레이어가 오소에 드롭 또는 플레이스 한 볼을 스트로크하면 그 홀의 패가 된다.

2) 스트로크 플레이
경기자가 (1) 오소에 드롭 또는 플레이스 하였거나 (2) 규칙에 의거, 리플레이스가 요구되었음에도 움직여진 볼을 리플레이스 하지 않은 자기의 인 플레이 볼을 스트로크 했을 때에는, 중대한 위반이 없는 한 해당되는 조항에 규정된 벌을 과한 후 그 볼로 그 홀을 끝내야 한다.
오소로부터 플레이 한 후 경기자가 그 사항을 인지하여 중대한 위반을 범했다고 믿는 경우 다음 티잉 그라운드에서 아직 스트로크를 행하기 전에, 한 라운드 최종 홀에서는 퍼팅 그린을 떠나기 전에 한하여, 경기자는 제2의 볼을 규칙에 따라 드롭 또는 리플레이스 하여 그 볼로 그 홀을 종료할 뜻을 선언할 수 있다.
경기자는 스코어 카드를 제출하기 전에 그 사실을 위원회에 보고해야 하며, 만일 이를 이행하지 않을 경우 경기에 실격하게 된다. 위원회는 중대한 위반이 있었는지 여부를 재정해야 한다. 중대한 위반이 있다고 재정되는 경우 제2의 볼의 스코어가 채택되며, 경기자는 그 볼의 스코어에 2벌타를 가산해야 한다. 중대한 위반이 있고, 경기자가 상기의 조치대로 정정하지 않았을 경우 그 경기자는 실격된다.
-주 : 경기자가 제2의 볼의 플레이했을 경우, 채택 않기로 재정된 볼의 플레이에 부가된 벌타 및 그 볼로 얻은 타수는 스코어에 가산되지 않는다.
본 항의 반칙은, 매치 플레이는 그 홀의 패.
스트로크 플레이는 2벌타.

제23조 루스 임페디먼트(Loose Impediments)

- 루스 임페디먼트
자연물로써 고정되어 있지 않거나 또는 생장하지 않고, 땅에 단단히 박혀 있지 않으며, 볼에 부착되어 있지 않은 돌, 나뭇잎, 나뭇가지 같은 것들과 동물의 분, 벌레들과 그들의 배설물 및 이것들이 쌓여 올려진 것들을 말한다. 모래 및 흩어진 흙은 퍼팅 그린 위에 있는 경우에 한하여 루스 임페디먼트이다. 서리 이외의 눈과 천연얼음 등은 캐주얼 워터 또는 루스 임페디먼트로 치는데, 이는 플레이어의 선택

에 따른다. 인공의 얼음은 장해물이다.

이슬과 서리는 루스 임페디먼트가 아니다.

1항 구제(Relief)

루스 임페디먼트와 볼이 동일 해저드 내에 정지하고 있거나 접촉되어 있는 경우를 제외하고, 모든 루스 임페디먼트는 벌 없이 제거할 수 있다. 볼이 움직여진 때에는 제18조 2항 3) 참조.

플레이어의 볼이 움직이고 있을 때는 볼의 이동에 영향을 줄만한 루스 임페디먼트를 제거해서는 안 된다.

본 조의 반칙은, 매치 플레이는 그 홀의 패.

스트로크 플레이는 2타 부가.

(해저드 내의 볼의 수색-제12조 1항 참조)

(퍼트의 선에 접촉하는 것-제16조 1항 1 참조)

2항 잠정구(Provisional Ball)

1) 처 리

볼이 워터 해저드 밖에서의 분실 또는 아웃 오브 바운드의 염려가 있을 때에는 시간절약을 위하여 그 볼을 플레이한 원위치에 가능한 한 가까운 곳에서 잠정적으로 다른 볼을 플레이 할 수 있다(제20조 5항 참조). 플레이어는 매치 플레이에서는 상대방, 스트로크 플레이에서는 자기의 마커 또는 동반 경기자에게 잠정구를 플레이 할 의사를 통고하고, 플레이어 또는 파트너가 원구를 찾으러 나가기 전에 플레이 하여야 한다. 이것을 진행하지 않고 다른 볼을 플레이 하면 그 볼은 잠정구가 아니고 스트로크와 거리의 벌에 의하여 인플레이 볼이 되며(제27조 1항), 원구는 분실구로 친다.

2) 잠정구가 인플레이의 볼이 되는 경우

플레이어는 원구가 있다고 생각하는 곳에 도달할 때까지는 그 잠정구를 몇 번이라도 플레이 할 수 있다. 만일 플레이어가 원구가 있다고 생각하는 곳으로부터 또는 그 곳보다 홀에 가까운 지점으로부터 잠정구를 플레이한 경우 원구는 분실로 간주되며, 잠정구는 스트로크와 거리의 벌에 의하여 인플레이 볼이 된다(제27조 1항).

원구가 워터 해저드 밖에서 분실 또는 아웃 오브 바운드가 된 경우, 잠정구는 스트로크와 거리의 벌에 의하여 인플레이 볼이 된다(제27조 1항).

3) 잠정구를 포기할 때

원구가 워터 해저드 밖에서 분실되지 않았고, 아웃 오브 바운드도 아니면, 플레이어는 잠정구를 포기하고 원구로 플레이를 계속하여야 한다. 만일 이것을 불이행한 때에는 잠정구로 스트로크한 그 이후의 플레이는 오구의 플레이로 간주하여 제15조 규정이 적용된다.

-주 : 원구가 워터 해저드 내에 있을 때 플레이어는 그 볼을 있는 상태 그대로 플레이 하든가, 제26조에 의한 처리를 하여야 한다. 원구가 워터 해저드 내에서 분실 또는 언플레이어블이 되면, 제26조 또는 제28조 중에서 적용할 수 있는 규칙에 의하여 처리하여야 한다.

제24조 장해물(Obstructions)

- 가장 가까운 구제 지점

움직일 수 없는 장해물 규칙 제24조 2항, 비정상적인 코스 상태 규칙 제25조 1항 또는 목적 이외의 퍼팅 그린 규칙 제25조 3항에 의한 방해로부터 벌 없이 구제 받을 수 있는 기점을 말한다. 이 지점은 볼이 놓여 있는 곳의 가장 가까운 지점으로 홀에 더 가깝지 않고, 볼이 그 지점에 정지해 있으면 방해(정의한 바와 같은)가 없는 지점이다.

-주 : 플레이어는 다음 스트로크를 할 때, 사용하려고 생각한 클럽을 가지고 어드레스를 취하여 스트로크를 위한 스윙을 해 보고, 그의 가장 가까운 구제 지점을 결정해야 한다.

- 장해물

모든 인공의 물건으로써, 도로와 통로의 인공 표면과 측면 및 인공의 얼음 등을 포함한다. 단, 다음의 것은 제외된다.

① 아웃 오브 바운드를 표시하는 벽, 담, 말뚝 및 울타리
② 아웃 오브 바운드에 있는 움직이지 못하는 인공 물건의 모든 부분
③ 코스와 불가분한 것이라고 위원회가 지정한 모든 구축물

움직일 수 있는 장해물은 무리한 노력을 들이지 않고 플레이를 지연시키지 않으며, 손상을 입히지 않고 옮겨질 수 있는 장해물을 말한다. 그렇지 않을 경우는 움직일 수 없는 장해물이다.

-주 : 위원회는 움직일 수 있는 장해물을 움직일 수 없는 장해물로 선언하는 로컬 룰을 만들 수 있다.

1항 움직일 수 있는 장해물(Movable Obstruction)

플레이어는 아래와 같이 움직일 수 있는 장해물로부터의 구제를 받을 수 있다.

1) 볼이 그 장해물의 안 또는 위에 있지 않을 때에는 그 장해물을 제거할 수 있다. 만일 볼이 움직인 경우에는 리플레이스 하여야 하며, 그러한 이동이 장해물의 제거에 전적으로 기인한 경우, 벌은 부가되지 않는다. 그 밖의 경우는 규칙 제18조 2항 1)이 적용된다.

2) 볼이 장해물의 안 또는 위에 있을 때에는 벌 없이 볼을 집어 올려 장해물을 제거할 수 있다. 그 볼은 장해물의 안 또는 위에 있던 곳의 바로 밑 지점에 가능한 한 가깝고 홀에 가깝지 않은 지점에 놓으며, 스루 더 그린 또는 해저드에서는 드롭, 퍼팅 그린 위에서는 플레이스 하여야 한다.

제24조 1항에 의하여 집어 올린 볼은 닦을 수 있다.

볼이 움직이고 있을 때는 사람이 붙어 서 있는 깃대 또는 플레이어들의 휴대품 이외에 볼의 이동에 영향을 줄만한 장해물을 제거하여서는 안 된다.
-주 : 본 항에 의하여 드롭 또는 플레이스 되어야 할 볼을 곧 도로 찾을 수 없을 때는 다른 볼로 교체할 수 있다.

2항 움직일 수 없는 장해물(Immovable Obstruction)

1) 방 해
볼이 장해물의 안 또는 위에 있든가, 볼이 이에 접근한 곳에 정지하여 플레이어의 스탠스 또는 의도하는 스윙의 구역을 방해할 정도일 때는 움직일 수 없는 장해물에 의한 방해가 생긴 것으로 한다.
플레이어의 볼이 퍼팅 그린 위에 있고, 퍼팅 그린 위에 움직일 수 없는 장해물이 있어서 플레이어의 퍼트의 선을 방해할 경우에도 방해가 생긴 것으로 한다.
위의 경우 이외에 플레이의 선상에 있는 장해물 그 자체는 본 항에서 말하는 방해가 아니다.

2) 구 제
볼이 워터 해저드 또는 래터럴 워터 해저드 내에 있을 때를 제외하고, 플레이어는 다음과 같이 움직일 수 없는 장해물에 의한 방해로부터의 구제를 벌 없이 받을 수 있다.
(1) 스루 더 그린
볼이 스루 더 그린에 정지하고 있을 때, 해저드 또는 퍼팅 그린이 아닌 곳으로 가장 가까운 구제 지점을 결정하여야 한다. 플레이어는 볼을 집어 올려서 움직일 수 없는 장해물로부터의 방해를 피하고, 해저드나 퍼팅 그린이 아닌 코스상의 한 지점에, 가장 가까운 구제 지점으로부터 1클럽 길이 이내에 홀에 가깝지 않게 드롭하여야 한다.
(2) 벙커 내
볼이 벙커 내에 있을 때, 플레이어는 그 볼을 집어 올려 상기 (1)의 조항에 의하여 드롭하여야 한다. 단, 가장 가까운 구제 지점은 벙커 안에 있어야 하며 반드시 그 벙커 내에 드롭하여야 한다.
(3) 퍼팅 그린 위
볼이 퍼팅 그린 위에 정지하고 있을 때 플레이어는 그 볼을 집어 올려 해저드 내가 아닌 가장 가까운 구제지점에 플레이스 하여야 한다. 가장 가까운 구제지점은 퍼팅 그린을 벗어나도 된다.
제24조 2항 2)에 의한 구제를 위하여 집어 올린 볼은 닦을 수 있다(볼이 방해에 의한 구제를 받았던 장소로 다시 굴러 들어간 경우는 제20조 2항 3) (5) 참조).
-예외 : 플레이어는 ① 그의 스트로크의 방해가 움직일 수 없는 방해물 이외의 물건에 의한 것임이 분명한 때 ② 장해물에 의한 방해가 불필요한 비정상적인 스탠스, 스윙 또는 플레이 방향을 취할 때에만 생기는 경우는 제24조 2항 2)에 의한 구제를 받을 수 없다.

-주1 : 볼이 워터 해저드(래터럴 워터 해저드 포함) 내에 있는 경우, 그 플레이어는 벌 없이 움직일 수 없는 장해물에 의한 방해로부터의 구제를 받을 수 없다. 그 플레이어는 볼이 정지한 그대로 플레이 하든가 제26조 1항에 의한 처리를 하여야 한다.
-주2 : 본 조항에 의하여 드롭 또는 플레이스 되어야 할 볼을 곧 도로 찾을 수 없을 때는 다른 볼로 교체할 수 있다.
-주3 : 위원회는 플레이가 그 장해물의 위를 넘어가거나, 안 또는 아래를 통과하지 않고 가장 가까운 구제지점을 결정하여야 한다고 명시하는 로컬 룰을 만들 수 있다.

3) 분실된 볼

움직일 수 없는 장해물 쪽으로 볼을 친 후, 분실된 볼이 그 장해물 안에서 분실되었는지의 여부는 사실입증에 관한 문제가 된다. 볼이 그 장해물 안에서 분실된 것으로 처리하기 위해서는 그런 취지의 합리적인 증거가 있어야 한다. 그러한 증거가 없을 때에는 그 볼을 분실구로 처리하여야 하며, 규칙 제27조를 적용한다.

볼이 움직일 수 없는 장해물 안에서 분실된 경우, 볼이 장해물에 최후로 들어간 지점이 결정되어야 하며, 본 규칙의 적용 목적상 볼이 그 지점에 있었던 것으로 간주하여야 한다.

(1) 스루 더 그린

볼이 움직일 수 없는 장해물에 최후로 들어간 곳이 스루 더 그린의 한 지점인 경우, 플레이는 벌 없이 다른 볼로 교체할 수 있으며, 규칙 제24조 2항 2) (1)에 규정된 바에 따라 구제를 받을 수 있다.

(2) 벙커 안

볼이 움직일 수 없는 장해물에 최후로 들어간 곳이 벙커 안의 한 지점인 경우, 플레이어는 벌 없이 다른 볼로 교체할 수 있으며, 규칙 제24조 2항 2) (2)에 규정된 바에 따라서 구제를 받을 수 있다.

(3) 해저드 안(래터럴 워터 해저드 포함)

볼이 움직일 수 없는 장해물에 최후로 들어간 곳이 그린 위의 한 지점인 경우, 플레이어는 벌 없이 구제를 받을 수 없다. 플레이어는 규칙 제26조 1항에 의하여 처리하여야 한다.

(4) 퍼팅 그린 위

볼이 움직일 수 없는 장해물에 최후로 들어간 곳이 그린 위의 한 지점인 경우, 플레이어는 벌 없이 다른 볼로 교체할 수 있으며, 규칙 제24조 2항 2) (3)에 규정된 바에 따라서 구제를 받을 수 있다.

본 조의 반칙은, 매치 플레이는 그 홀의 패.

스트로크 플레이는 2벌타.

제26조 워터 해저드(래터럴 워터해저드 포함)
(Water Hazards Including Lateral Water Hazards)

1항 워터 해저드에 들어간 볼(Ball in Water Hazard)

볼이 워터 해저드 방향으로 간 후 분실된 때, 그 해저드에서 분실되었는가 그 밖에서 분실되었는가의 여부는 사실입증에 관한 문제가 된다. 그 볼이 해저드 내에서 분실된 것이라고 처리하기 위하여서는 그 볼이 해저드 안에 들어갔다는 합리적인 증거가 있어야 한다. 그러한 증거가 없을 경우에는 그 볼은 분실구로 처리하여야 하며, 제27조를 적용한다.

볼이 워터 해저드 내에 있든가 또는 분실된 경우(볼이 수중에 있고 없고에 불구하고), 플레이어는 1벌타의 벌을 부가하고 다음 처리 중 하나를 할 수 있다.

1) 원구를 앞서 플레이한 장소에 되도록 가까운 지점에서 다음 스트로크를 한다(제20조 5항 참조).

2) 볼이 최후에 워터 해저드 구역의 경계를 넘어선 지점과 홀을 연결하는 직선상으로 그 워터 해저드 후방에 드롭한다. 볼을 드롭할 수 있는 워터 해저드의 후방 거리에는 제한이 없다.

3) 볼이 래터럴 워터 해저드의 경계를 최후로 넘었을 때 추가로 할 수 있는 선택은, 홀에 가깝지 않게 다음 지점으로부터 2클럽 길이 이내에서 워터 해저드 밖에 드롭하는 것이다.

(1) 원구가 워터 해저드의 경계를 최후로 넘은 지점

(2) 홀로부터 등거리에 있는 워터 해저드 건너편 대안의 경계상의 지점

본 조에 의해 집어 올린 볼은 닦을 수 있다(워터 해저드의 수중의 움직이는 볼 - 제14조 6항 참조).

2항 워터 해저드 내에서 플레이 한 볼 (Ball Played Within Water Hazard)

1) 볼이 해저드 밖으로 나가지 않은 경우

워터 해저드 내에서 플레이 한 볼이 스트로크 후에도 동일한 해저드의 구역을 벗어나지 못할 경우 플레이어는,

(1) 규칙 제 26조 1항에 의해 처리하거나

(2) 1벌타를 추가하고, 해저드 밖에서 볼을 앞서 플레이한 곳의 되도록 가까운 지점에서 다음 스트로크를 할 수 있다(규칙 제20조 5항 참조). 플레이어가 규칙 제26조 1항 1)에 의해 처리할 경우, 드롭한 볼을 치지 않아도 좋다.

그럴 경우,

① 추가로 1벌타를 부가하고 규칙 제26조 1항 2)에 의거 조치하거나,

② 적용 가능한 경우 추가로 1벌타를 부가하고, 규칙 제26조 1항 3)에 의거하여 처리하거나,

③ 추가로 1벌타를 부가하고 해저드 밖에서 앞서 플레이한 곳의 가장 가까운 지점에서 플레이 한다(규

칙 제20조 5항 참조).

2) 해저드 밖에서 분실 또는 언플레이어블 혹은 아웃 오브 바운드 된 볼
워터 해저드 내에서 플레이 한 볼이 그 해저드 밖에서 분실되거나 언플레이어블이 되거나 또는 아웃 오브 바운드가 된 경우, 규칙 제27조 1항 또는 제28조 1항에 의하여 1벌타를 부가한 후에,
(1) 해저드 내에서 원구를 앞서 플레이 한 곳의 되도록 가까운 지점에서 플레이 하거나(규칙 제20조 5항 참조),
(2) 규칙 제26조 1항 2)에 따라, 혹은 적용 가능한 경우 규칙 제26조 1항 3)에 따라 1벌타를 부가하고, 볼이 해저드에 들어오기 전에 해저드의 경계선을 최후로 넘은 지점을 기준으로 하여 규칙에 의거 처리하거나,
(3) 1벌타를 추가로 부가하고 해저드 밖에서 앞서 플레이 되었던 지점과 되도록 가까운 곳에서 플레이 한다(규칙 제20조 5항 참조).
-주1 : 규칙 제26조 2항 2)에 의거 처리할 경우, 플레이어는 규칙 제27조 1항 또는 제28조 1항에 따라 볼을 드롭할 필요는 없다. 그가 볼을 드롭하더라도 꼭 그 볼을 플레이 할 필요는 없다. (2) 혹은 (3)을 선택하여 처리하여도 된다.
-주2 : 워터 해저드 내에서 플레이하여 해저드 밖으로 나온 볼을 언플레이어블로 선언할 때, 본 항 2)의 규정은 플레이어가 제28조 2) 또는 3)에 따라 처리하는 것을 방해하지 않는다.
본 조의 반칙은, 매치 플레이는 그 홀의 패.
스트로크 플레이는 2벌타.

제27조 분실구 또는 아웃 오브 바운드 : 잠정구
(Ball Lost or Out of Bounds : Provisional Ball)

- 분실구
다음의 경우는 '분실구'이다.
① 플레이어, 그의 사이드 또는 이들의 캐디가 찾기 시작하여 5분 이내에 발견하지 못하거나 자기의 볼임을 플레이어가 확인하지 못한 때
② 원구를 찾지 않고 본 규칙에 따라 다른 볼을 플레이 한 때
③ 원구가 있을 것으로 생각되는 장소로부터 또는 그 장소보다 홀에 가까운 지점에서 잠정구를 플레이 한 때 - 이 이후는 잠정구가 인 플레이 볼이 된다.
오구의 플레이에 소비한 시간은 수색을 위하여 부여된 5분 간에 산입하지 않는다.

- 아웃 오브 바운드
코스의 경계선을 넘어선 장소 또는 위원회가 그렇게 표시한 코스의 일부를 말한다. 아웃 오브 바운드

가 말뚝이나 울타리를 기준으로 표시할 경우나 또는 볼이 말뚝이나 울타리를 넘었는가를 문제로 할 때, 그 아웃 오브 바운드의 선은 말뚝이나 울타리(지주를 포함하지 않은) 기둥의 지면에 접한 가장 가까운 안쪽 점에 의하여 결정된다. 아웃 오브 바운드가 지상의 선으로 표시되었을 때, 그 선 자체는 아웃 오브 바운드이다. 아웃 오브 바운드의 선은 수직으로 상하에 연장된다. 볼의 전체가 아웃 오브 바운드에 있을 때는 아웃 오브 바운드의 볼이 된다. 플레이어는 코스 내에 있는 볼을 플레이 하기 위하여 아웃 오브 바운드에 설 수 있다.

- 잠정구

제27조 2항에 의하여 볼이 워터 해저드 이외에서 분실 또는 아웃 오브 바운드 될 염려가 있을 때 플레이 하는 볼을 말한다.

1항 분실구 또는 아웃 오브 바운드의 볼(Ball Lost or Out of Bounds)

볼이 워터 해저드 밖에서 분실되거나 아웃 오브 바운드에 들어간 때에는 플레이어는 1타 벌을 받고, 그 볼을 앞서 플레이 한 지점 또는 되도록 그곳의 가까운 지점에서 볼을 플레이 하여야 한다(규칙 제20조 5항 참조).

-예외 :

1) 원구가 워터 해저드에서 분실되었다는 합리적인 증거가 있는 경우, 플레이어는 규칙 제26조 1항에 의거 처리하여야 한다.

2) 원구가 움직일 수 없는 장해물(규칙 제24조 2항 3 참조) 또는 비정상적인 코스 상태(규칙 제25조 1항 3 참조)내에서 분실되었다는 합리적인 증거가 있을 경우, 플레이어는 적용할 수 있는 규칙에 의하여 처리할 수 있다.

본 제27조 1항의 반칙은,

매치 플레이는 그 홀의 패.

스트로크 플레이는 2벌타.

2항 잠정구(Provisional Ball)

1) 처 리

볼이 워터 해저드 밖에서의 분실 또는 아웃 오브 바운드의 염려가 있는 때에는 시간절약을 위하여 그 볼을 플레이한 원위치에 가능한 한 가까운 곳에서 잠정적으로 다른 볼을 플레이 할 수 있다(제20조 5항 참조).

플레이어는 매치 플레이에서는 상대방, 스트로크 플레이에서는 자기의 마커 또는 동반 경기자에게 잠정구를 플레이 할 의사를 통고하고, 플레이어 또는 파트너가 원구를 찾으러 나가기 전에 플레이 하여야 한다. 이것을 이행하지 않고 다른 볼을 플레이하면, 그 볼은 잠정구가 아니고 스트로크와 거리의 벌에 의하여 인플레이 볼이 되며(제27조 1항), 원구는 분실구로 친다.

2) 잠정구가 인 플레이의 볼이 되는 경우
플레이어는 원구가 있다고 생각하는 곳에 도달할 때까지는 그 잠정구를 플레이 할 수 있다. 만일 플레이어가 원구가 있다고 생각하는 곳으로부터 또는 그곳보다 홀에 가까운 지점으로부터 잠정구를 플레이 한 경우 원구는 분실로 간주되며, 잠정구는 스트로크와 거리의 벌에 의하여 인 플레이 볼이 된다(제27조 1항).

원구가 워터 해저드 밖에서 분실 또는 아웃 오브 바운드가 된 경우 잠정구는 스트로크와 거리의 벌에 의하여 인플레이 볼이 된다(제27조 1항).

3) 잠정구를 포기할 때
원구가 워터 해저드 밖에서 분실되지 않았고 아웃 오브 바운드도 아니면, 플레이어는 잠정구를 포기하고 원구로 플레이를 계속하여야 한다. 만일 이것을 불이행한 때에는 잠정구로 스트로크한 그 이후의 플레이는 오구의 플레이로 간주하여 제15조의 규정이 적용된다.

―주 : 규칙 제27조 2항 3)에 의거 잠정구를 포기하였을 때, 그 잠정구를 친 타수와 그 잠정구를 칠 때 발생한 벌타 등은 모두 무시되어야 한다.

제28조 언플레이어블의 볼(Ball Unplayable)

볼의 언플레이어블 여부는 그 볼의 소유자인 플레이어만이 결정할 수 있으며, 워터 해저드 내에 있는 경우를 제외한 코스 위 어느 곳에서나 언플레이어블을 선언할 수 있다. 플레이어는 자기 볼이 언플레이어블인가 아닌가를 결정할 유일한 사람이다.

만일 플레이어가 자기의 볼을 언플레이어블로 정할 때에는 1타 벌을 부가하고, 다음 각 항의 처리 중 하나를 택하여야 한다.

1) 볼을 앞서 플레이 한 곳의 되도록 가까운 장소에서 다음 스트로크를 한다(제20조 5항 참조).
2) 볼이 있는 곳에서 2클럽 길이 이내로 홀에 접근하지 않는 지점에 드롭한다.
3) 홀과 볼이 있었던 지점을 연결하는 직선상으로 전 위치보다 후방에 거리의 제한 없이 볼을 드롭할 수 있다.

만일 언플레이어블의 볼이 벙커 내에 있을 경우에도, 플레이어는 1), 2), 3)에 의하여 처리할 수 있다. 다만 2)나 3)을 선택한 경우, 볼은 벙커 내에서만 드롭되어야 한다. 본 조에 의하여 집어 올린 볼은 닦을 수 있다.

본 조의 반칙은, 매치 플레이는 그 홀의 패.
스트로크 플레이는 2벌타.

제29조 스리섬과 포 섬(Threesomes and Foursomes)

'스리섬'이란 1명의 플레이어가 다른 2명에 대항하여 각 사이드가 1개의 볼을 플레이하는 매치이다.
'포 섬'이란 2명이 2명에 대항하여 각 사이드가 1개의 볼을 플레이 하는 매치이다.

1항 통칙(General)

스리섬 또는 포 섬의 매치에서는 정규의 라운드 중 파트너들이 각 티잉 그라운드에서 교대로 플레이하며, 또 각 홀에서의 플레이도 교대로 하여야 한다. 벌타가 있을 때에도 플레이의 순서에는 영향을 미치지 않는다.

2항 매치 플레이(Match Play)

자기 파트너의 타순일 때 플레이어가 플레이 하면 그 사이드는 그 홀의 패.

3항 스트로크 플레이(Stroke Play)

파트너가 타순을 잘못하여 1타 또는 그 이상 플레이 한 때 스트로크는 취소되고, 그 사이드는 2타의 벌이 부가되며, 잘못된 타순으로 플레이를 시작한 가능한 한 가까운 지점에 되돌아가 볼을 플레이 함으로써 그 잘못을 정정해야 한다(규칙 제20조 5항 참조).
사이드가 잘못을 정정하지 않고 다음 티잉 그라운드에서 스트로크 하거나, 또는 그 라운드의 최종 홀의 경우, 퍼팅 그린을 떠나기 전에 처음 잘못을 정정할 의사를 선언하지 않을 경우 그 사이드는 실격이 된다.

제30조 스리볼, 베스트볼 및 포볼의 매치 플레이 (Three Ball, Best-Ball and Four-Ball Match Play)

– 스리볼
3명이 서로 대항하여 각자의 볼을 플레이하는 매치이다.

– 베스트볼
1명의 플레이어가 2명 또는 3명으로 된 사이드에 대항하여, 2명 이상의 사이드는 각자의 볼을 플레이 하되, 그 중 각 홀마다의 최소 스코어를 그 사이드의 스코어로 하는 매치이다.

– 포볼
2명이 2명에 대항하여 각 플레이어는 각자의 볼을 플레이 하며, 각 홀마다 그 사이드의 적은 스코어를 그 사이드의 스코어로 하는 매치이다.

1항 골프 규칙의 적용(Rules of Golf Apply)

다음의 특별 규칙에 저촉되지 않는 한, 골프 규칙은 스리볼, 베스트볼 및 포볼의 각 매치에도 적용된다.

2항 스리볼의 매치 플레이(Three Ball Match Play)

1) 정지하고 있는 볼을 상대방이 움직인 경우
규칙에서 따로 정한 경우를 제외하고 만일 플레이어의 볼이 수색 중 이외의 경우에 상대방, 그의 캐디 또는 그들의 휴대품에 의하여 움직여지거나 또는 접촉되었을 때에는 제18조 3항 2)를 적용한다. 그 상대방은 그 볼 소유자와의 매치에서 1타의 벌이 부가된다. 그러나 다른 상대방과의 매치에서는 벌은 없다.

2) 우연히 상대방에 맞은 볼
플레이어의 볼이 우연히 상대방, 그의 캐디 또는 그들의 휴대품에 의하여 정지하거나 또는 방향이 변경되어도 벌은 없다.
플레이어는 그 상대방과의 매치에서 그 볼을 있는 상태 그대로 플레이하든가 어느 쪽 사이드든 다음 스트로크를 하기 전에 그 스트로크를 취소하고 벌 없이 원구를 앞서 플레이 하였던 지점의 되도록 가까운 곳에서 볼을 플레이 할 수 있다(제20조 5항 참조).
다른 상대방과의 매치에서는 볼이 있는 상태 그대로 플레이 되어야 한다.
-예외 : 사람이 붙어 서 있는 깃대에 맞은 볼에 관하여는 제17조 3항 2) 참조(상대방에 의하여 고의로 방향이 변경되거나 정지된 볼에 관하여는-제1조 2항 참조).

3항 베스트볼과 포볼의 매치 플레이
(Best-Ball and Four-Ball Match Play)

1) 사이드의 대표자
한 사이드는 1명의 파트너에게 그 매치의 전부 또는 그 일부를 대표하게 할 수 있으며, 꼭 파트너 전원이 출장할 필요는 없다. 출장하지 않았던 파트너는 홀과 홀 사이에서 매치에 참가할 수 있지만, 한 홀의 플레이 중에는 안 된다.

2) 클럽은 14개가 한도
어느 파트너든 제4조 4항을 위반한 때에는 그 사이드에게 벌이 부가된다.

3) 플레이의 순서
같은 사이드의 볼은 그 사이드의 임의의 타순으로 플레이 할 수 있다.

4) 오 구

해저드 내인 경우를 제외하고 한 플레이어가 오구를 플레이한 때에는 그 플레이어만이 그 홀에서 실격 된다. 그러나 그 플레이어의 파트너에 대해서는 비록 그 오구가 그 파트너의 볼일 경우에도 벌은 없다. 만일 그 오구가 다른 플레이어의 것이라면 그 볼의 소유주는 처음에 그 오구가 플레이 되었던 지점에서 플레이스 하여야 한다.

5) 사이드의 경기실격

(1) 파트너 중의 한 사람이 다음 각 항을 위반한 때는 그 사이드는 경기 실격이 된다.

  제1조 3항-합의의 반칙

  제4조 1항, 2항 또는 3항 - 클럽

  제5조 1항 또는 2항 - 볼

  제6조 2항 - 핸디캡(높은 핸디캡으로 플레이한 때)

  제6조 4항 - 캐디

  제6조 7항 - 부당한 지연(거듭되는 반칙)

  제14조 3항 - 인공의 장치 및 비정상 용구

(2) 파트너의 전원이 다음 각 항을 위반한 때는 그 사이드는 경기 실격이 된다.

  제6조 3항 - 스타트 시간 및 조

  제6조 8항 - 플레이의 중단

6) 기타 벌의 파트너에의 영향

한 플레이어의 규칙 위반이 자기 파트너의 플레이를 원조하는 경우 또는 한 상대방의 플레이에 영향을 미쳤을 때는 그 플레이어에 과하여지는 어떤 벌은 그 파트너에게도 병과된다. 기타 경우에는 플레이어에게 규칙 위반의 벌을 과하더라도 그 벌은 그 파트너에게 병과되지 않는다. 플레이어에 대한 벌이 그 홀의 패로 규정되어 있는 경우는 그 플레이어만을 그 홀에서의 실격으로 하여야 한다.

7) 다른 방식의 매치를 동시에 플레이 하는 때

베스트볼 또는 포볼의 매치를 하면서 동시에 다른 방식의 매치를 하는 때에는 상기 특별 규칙을 적용 하여야 한다.

제31조 포볼 스트로크 플레이(Four-Ball Stroke Play)

포볼 스트로크 플레이에서는 2명의 경기자가 파트너로서 플레이 하며 각자의 볼로 플레이 한다. 파트너 중의 적은 스코어가 그 홀의 스코어가 된다. 파트너의 1명이 한 홀의 플레이를 끝내지 않아도 벌은 없다.

1항 골프 규칙의 적용(Rules of Golf Apply)
다음의 특별 규칙에 저촉되지 않는 한 골프 규칙은 포볼 스트로크 플레이에도 적용한다.

2항 사이드의 대표자(Representation of Side)
한 사이드는 어느 파트너든 한 파트너가 정규의 라운드 전부 또는 일부를 대표할 수 있으며, 파트너 전원의 출장이 필요한 것은 아니다. 출장하지 않았던 경기자는 홀과 홀 사이에서 자기 파트너와 합류할 수 있지만, 한 홀의 플레이 중에는 안 된다.

3항 클럽은 14개가 한도(Maximum of Fourteen Clubs)
어느 파트너든 제4조 4항을 위반한 때에는 그 사이드에게 벌이 부가된다.

4항 스코어의 기록(Scoring)
마커는 각 홀마다 그 파트너들의 스코어 중에서 채택이 되는 그로스 스코어만을 기록하면 된다. 채택하는 그로스 스코어는 개인별로 확인될 수 있어야 하며, 그렇게 되지 않으면 그 사이드는 경기 실격이 된다. 파트너 중의 1명만이 제6조 6항 2)에 의한 책임을 지면 된다(스코어의 오기 – 제31조 7항 1) 참조).

5항 플레이의 순서(Order of Play)
같은 사이드의 볼은 그 사이드가 타순을 임의로 플레이 할 수 있다.

6항 오구(Wrong Ball)
해저드 안인 경우를 제외하고 경기자가 오구를 한 번 또는 여러 번 스트로크한 때에는 2타의 벌을 부가하고, 다시 정구를 플레이 하여야 한다. 그 오구가 파트너의 볼이라 하여도 그 파트너에게는 벌이 없다. 만일 그 오구가 다른 플레이어의 것이라면 그 볼의 소유주는 그 오구가 처음 플레이되었던 지점에서 플레이스 하여야 한다.

7항 경기 실격(Disqualification Penalties)의 벌

1) 1명의 파트너에 의한 반칙
다음 각 항에 대하여 어느 파트너가 위반하여도 그 사이드는 경기 실격이 된다.
제1조 3항 – 합의의 반칙
제3조 4항 – 규칙 이행의 거부
제4조 1항, 2항 또는 3항 – 클럽

제5조 1항 또는 2항 - 볼
제6조 2항 2) - 핸디캡(높은 핸디캡으로 플레이 ; 핸디캡의 불기입)
제6조 4항 - 캐디
제6조 6항 2) - 스코어의 서명 및 제출
제6조 6항 4) - 홀의 스코어의 오기
즉 파트너가 실제보다 낮게 스코어를 기록했을 경우이다. 만일 그 파트너의 기록된 스코어가 실제보다 높게 기록되었을 경우는 그대로 채택한다.
제6조 7항 - 부당한 지연(거듭되는 반칙)
제7조 1항 - 라운드 전 또는 라운드 간의 연습
제14조 3항 - 인공의 장치 및 비정상 용구
제31조 4항 - 개인별로 확인할 수 없는 그로스 스코어의 기록

2) 파트너 전원의 반칙
다음 각항에 대하여 파트너 전원이 위반한 때는 그 사이드는 경기 실격이 된다.
(1) 제6조 3항 - 스타트 시간과 조 혹은 제6조 8항 - 플레이의 중단
(2) 각 파트너가 동일 홀에서 그 경기에 실격 또는 1홀의 실격이 되는 규칙을 위반한 때
3) 그 홀만의 실격
반칙이 경기 실격인 경우에도 상기 경우를 제외하고 경기자는 반칙한 그 홀에서만 실격된다.

8항 기타 벌의 파트너에의 영향(Effect of Other Penalties)
1명의 경기자의 규칙 위반이 자기 파트너의 플레이를 원조한 때에는 그 파트너에게도 경기자에게 부가한 벌과 동일한 벌이 병과된다.
기타의 경우는 1명의 경기자의 규칙 위반에 대한 벌을 그 파트너에게 적용해서는 안 된다.

제32조 보기, 파와 스테이블포드 경기 (Bogey, Par and Stableford Competitions)

1항 조건(Conditions)
보기, 파 및 스테이블포드 경기는 스트로크 경기방식이며, 각 홀에 정해져 있는 스코어를 기준으로 하여 플레이 한다.
본 특별 규칙에 저촉되지 않는 한 스트로크 플레이의 규칙이 적용된다.

1) 보기와 파 경기

보기와 파 경기의 승패를 계산하는 방법은 매치 플레이와 같다. 경기자가 스코어를 제출하지 않은 홀은 패가 된다. 각 홀을 종합하여 최고의 성적을 낸 경기자가 승자이다. 마커는 경기자의 각 홀의 네트 스코어가 정해진 스코어와 동일하든가 또는 적은 경우에 한하여 그로스 스코어를 기록할 책임이 있다.

-주1 : 클럽은 14개가 한도 - 벌은 매치 플레이와 같다. 제4조 4항 참조.
-주2 : 부당한 지연 : 지연 플레이(규칙 제6조 7항) - 경기자의 스코어는 총 결과에서 1홀을 감하여 조정한다.

2) 스테이블포드 경기

스테이블포드 경기의 승패를 계산하는 방식은 각 홀에 미리 정해진 스코어에 대하여 다음과 같이 채점한다.

플레이한 홀에서	점수
정해진 스코어보다 2스트로크 이상 많거나 제출이 없을 때	0점
정해진 스코어보다 1스트로크 많은 때	1점
정해진 스코어와 같은 때	2점
정해진 스코어보다 1스트로크 적은 때	3점
정해진 스코어보다 2스트로크 적은 때	4점
정해진 스코어보다 3스트로크 적은 때	5점
정해진 스코어보다 4스트로크 적은 때	6점

최고의 점수를 얻은 경기자가 승자가 된다. 마커는 경기자의 네트 스코어가 1점 이상 득점이 된 각 홀의 그로스 스코어만을 기입할 책임이 있다.

-주1 : 클럽은 14개가 한도(제4조 4항)
-주2 : 부당한 지연 ; 지연 플레이(규칙 제6조 7항)-경기자의 스코어는 그 라운드의 총 스코어에 의한 점수에서 2점을 감점하여 조정한다.
제 벌칙은 아래와 같이 적용한다.
한 라운드의 총 득점수에서 반칙을 한 각 홀마다 2점을 감하되, 1라운드에 대하여 최고 4점을 감점 한도로 한다.

2항 경기 실격의 벌(Disqualification Penalties)

1) 경기의 실격

경기자가 다음 각 항을 위반하면 경기 실격이 된다.

제1조 3항 - 합의의 반칙
제3조 4항 - 규칙 이행의 거부
제4조 1항, 2항 또는 3항 - 클럽

제5조 1항 또는 2항 – 볼

제6조 2항 2) – 핸디캡(높은 핸디캡으로 플레이 ; 핸디캡의 불기입)

제6조 3항 – 스타트시간과 조

제6조 4항 – 캐디

제6조 6항 2) – 스코어의 서명 및 제출

제6조 6항 4) – 홀 스코어의 오기

단, 본 규칙의 위반이 그 홀의 결과에 영향을 미치지 않을 때는 벌이 부가되지 않는다.

제6조 7항 – 부당한 지연(거듭되는 반칙)

제6조 8항 – 플레이의 중단

제7조 1항 – 라운드 전 또는 라운드 간의 연습

제14조 3항 – 인공의 장치 및 비정상 용구

2) 한 홀만의 실격

반칙으로 경기 실격인 경우에도 상기 경우를 제외하고 그 경기자는 반칙한 그 홀에서만 실격이 된다.

제4장 부 칙 I

제1조 로컬 룰

1항 경계 또는 구역 한계의 표시
아웃 오브 바운드, 해저드, 워터 해저드, 래터럴 워터 해저드, 수리지, 장해물 및 코스와 불가분의 부분을 한정하기 위한 구체적인 방법을 명시한다(규칙 제33조 2 1)).

2항 워터 해저드
- 래터럴 워터 해저드
래터럴 워터 해저드가 될 수도 있는 워터 해저드의 취급을 명확히 한다(규칙 제26조).

- 잠정구
원구가 발견되지 않고, 워터 해저드 안에서 분실된 합리적인 증거가 있으나, 그 해저드 안에 볼이 있는지의 여부를 결정할 수 없고, 또 그렇게 하는 것은 플레이를 부당하게 지연시키게 되는 상황에서는 워터 해저드에 들어갔을 염려가 있는 볼에 대해서 잠정구의 플레이를 허용한다.

그 볼은 규칙 제26조 제1항 혹은 적용할 수 있는 로컬 룰에 따른 가능한 선택사항에 의하여 잠정적으로 플레이 되어야 한다. 이때 잠정구를 플레이 했는데 원구가 워터 해저드 안에 있는 경우, 플레이어는 원구에 관해서는 규칙 제26조 1항에 의하여 처리해서는 안 된다.

3항 보호가 필요한 코스 지역 : 환경 상 취약지역
잔디 육성지, 어린 나무의 식수지 및 기타 코스 안의 재배지를 포함하여 이 지역을 플레이가 금지된 수리지로 정함으로써 코스의 보호에 협조한다.

위원회는 코스 내에 있거나, 코스에 인접해 있는 환경 상 취약지역에서 플레이를 금지시킬 필요가 있을 때, 구제 절차에 명시한 로컬 룰을 제정하여야 한다.

4항 일시적인 조건 - 진흙, 극도의 습기, 불량한 상태 및 코스의 보호

1) 지면에 박힌 볼의 집어 올리기와 닦기
진흙과 극도의 습기를 포함하여 스루 더 그린의 모든 곳에서 지면에 박힌 볼을 집어 올리도록 하고, 스루 더 그린의 모든 곳에서 또는 스루 더 그린의 잔디를 짧게 깎은 지역 위에서 볼을 집어 올리고, 닦고, 리플레이스 하도록 허용하는 일시적인 조건들은 정당한 경기를 해치는지도 모른다.

2) 프리퍼드 라이와 윈터 룰

코스의 불량한 상태나 진흙 등이 깔려 있는 것을 포함한 악조건은 특히 겨울철에 수시로 나타나기 때문에 위원회는 코스를 보호하며, 공정하고 유쾌한 플레이를 위하여 임시 로컬 룰에 의한 구제를 인정하도록 결정할 수 있다. 그러나 그와 같은 로컬 룰은 상태가 개선되면 곧 철회되어야 한다.

5항 장해물

1) 통칙
장해물이 될 수 있는 물체에 대하여 그 취급을 명확히 해둔다(규칙 제24조). 모든 구축물은 코스와 불가분의 부분이며, 따라서 장해물이 아니라고 선언한다. 예를 들면 티잉 그라운드, 퍼팅 그린, 벙커 등에 구축된 측면 등이다(규칙 제24조 및 제33조 2항 1).

2) 벙커 안에 있는 돌
벙커 안에 있는 돌을 움직일 수 있는 장해물로 선언함으로써 그 돌의 제거를 허용한다(규칙 제24조 1항).

3) 도로와 통로
(1) 도로와 통로의 인공 표면과 측면을 코스와 불가분의 부분으로 선언한다. 혹은,
(2) 인공 표면과 측면을 가지고 있지 않은 도로와 통로가 부당하게 플레이에 영향을 미칠 수 있는 경우, 이 도로와 통로로부터 규칙 제24조 2항 2)에 의하여 받을 수 있는 구제의 형태를 규정한다.

4) 고정된 스프링클러 헤드
볼이 스프링클러 헤드에서 2클럽 길이 이내에 있을 경우로, 그린에서 2클럽 길이 이내에 있는 고정된 스프링클러 헤드에 의한 방해로부터의 구제를 규정한다.

5) 어린나무의 보호
어린 나무의 보호를 위하여 구제 조치를 규정한다.

6) 임시 장해물
임시 장해물(예를 들어 관람석, TV케이블 및 그 장비 등)에 의한 방해로부터 구제 조치를 규정한다.

6항 드롭 지역(볼 드롭 지역)

규칙 제24조 2항 2) 혹은 2항 3)(움직일 수 없는 장해물), 규칙 제25조 1항 3)(비정상적인 코스의 상

태), 규칙 제25조 3항(목적 외의 퍼팅 그린), 규칙 제26조 1항(워터 해저드와 래터럴 워터 해저드) 또는 규칙 제28조(언플레이어블의 볼)에 따라 정확히 처리할 수 없거나 실행 불가능한 경우, 볼을 드롭할 수 있거나 드롭해야 할 특정 지역을 설정한다.

제2조 로컬 룰의 실례(Specimen Local Rules)

본 부칙 제1조에서 설명된 방침 안에서 위원회는 아래에 제시한 예문들을 참조하여 로컬 룰의 실례를 채택하고, 이를 스코어 카드에 나타내거나 게시판에 게시할 수 있다. 그러나 로컬 룰 실례의 3항 1), 2), 3), 6항 1), 2)는 모두 제한된 기간에 적용되기 때문에 스코어 카드 상에 인쇄되거나 나타내서는 안 된다.

1항 보호가 필요한 코스지역 ; 환경 상 취약 지역

1) 수리지 : 플레이 금지

위원회가 코스의 어느 지역을 보호하고자 할 경우 그 지역을 수리지로 선언하여야 하고, 그 지역 안에서 플레이를 금지시켜야 한다. 다음과 같은 로컬 룰을 권장한다.

'_____으로 표시된 _____은 플레이가 금지된 수리지이다. 플레이어의 볼이 그 지역 안에 있는 경우, 그 지역이 플레이어의 스탠스나 의도하는 스윙 구역을 방해할 경우 플레이어는 규칙 제25조 1항에 의하여 구제를 받아야 한다.

본 로컬 룰의 위반에 대한 벌은, 매치 플레이 - 그 홀의 패.
스트로크플레이 - 2벌타.

2) 환경 상 취약 지역

관계당국(예를 들어 정부기관이나 이와 유사한 기관)이 환경 상의 이유로 그 지역에 들어가는 것과(들어가거나), 그곳이나 코스에 인접한 곳에서 플레이 하는 것을 금지할 경우, 위원회는 그 구제 절차를 명확히 하는 로컬 룰을 제정하여야 한다. 위원회는 그 지역을 수리나 워터 해저드 혹은 아웃 오브 바운드로 정할 수 있는 재량권을 갖는다. 그러나 그곳이 '워터 해저드'의 정의에 부합되지 않는데 그 지역을 간단히 워터 해저드로 정해서는 안 되며, 그 홀의 특성을 유지하도록 노력하여야 한다.
다음과 같은 로컬 룰을 권장한다.

(1) 정의
환경 상 취약 지역이란 환경 상의 이유로 그곳에 들어가는 것과(들어가거나) 그곳에서 플레이 하는 것이 금지되어 있으며, 관계당국에서 그와 같이 선언한 지역을 말한다. 그와 같은 지역은 위원회의 재량으로 수리지, 워터 해저드, 래터럴 워터 해저드 혹은 OB로 정할 수 있다. 다만 어떤 환경 상 취약 지역이 워터 해저드나 래터럴 워터 해저드로 정해져 있는 경우에는 정의상으로도 그 지역이 워터 해저드에 해당되어야 한다.

(2) 환경 상 취약 지역 안에 있는 볼

① 수리지

볼이 수리지로 정해진 환경 상의 취약 지역 안에 있는 경우, 그 볼은 규칙 제25조 1항 2)에 따라서 드롭 하여야 한다. 볼이 수리지로 정해진 환경 상 취약 지역 안에서 분실되었다는 합리적인 증거가 있는 경우, 플레이어는 규칙 제25조 1항 3)에 규정된 바에 따라 벌 없이 구제를 받을 수 있다.

② 워터 해저드와 래터럴 워터 해저드

볼이 워터 해저드나 래터럴 워터 해저드로 정해진 환경 상 취약 지역 안에서 분실되었다는 합리적인 증거가 있는 경우, 플레이어는 1벌타를 받고, 규칙 제26조 1항에 의하여 처리하여야 한다.

-주 : 규칙 제26조에 따라서 드롭한 볼이 환경 상 취약지역으로 인하여 플레이어의 스탠스나 의도하는 스윙 구역에 방해가 되는 위치로 굴러 들어간 경우, 플레이어는 본 로컬 룰의 (3)에 규정된 바에 따른 구제를 받아야 한다.

③ 아웃 오브 바운드

볼이 OB로 정해진 환경 상 취약 지역 안에 있는 경우 플레이어는 원구를 최후로 플레이 한 지점(규칙 제20조 5항)에 될수록 가까운 곳에서 1벌타를 받고 볼을 플레이 하여야 한다.

(3) 스탠스나 의도하는 스윙 구역에 방해가 되는 경우

환경 상 취약 지역이 플레이어의 스탠스나 의도하는 스윙 구역에 방해가 되는 경우에는 이러한 상태에 의한 방해가 생긴 것으로 한다. 방해가 있는 경우, 플레이어는 다음과 같이 구제를 받아야 한다.

① 스루 더 그린

볼이 스루 더 그린에 있을 때에는 ㉠ 홀에 더 가깝지 않고 ㉡ 그 상태에 의한 방해를 피하고 ㉢ 해저드 안 혹은 그린 위가 아닌 곳으로, 볼이 정지하고 있는 곳에서 가장 가까운 코스 상의 지점을 결정하여야 한다. 플레이어는 그 볼을 집어 올려서 그와 같이 결정한 위의 지점으로부터 1클럽 길이 이내로 위의 ㉠, ㉡ 및 ㉢의 요건을 충족시킬 수 있는 곳에 벌 없이 드롭 하여야 한다.

② 해저드 안

볼이 해저드 안에 있는 경우, 플레이어는 그 볼을 집어 올려서 다음의 한 지점에 드롭 하여야 한다.

㉠ 벌 없이, 그 해저드 안에, 볼이 있었던 지점에 될수록 가까우나, 홀에 더 가깝지 않으며, 그 상태에서 완전히 구제를 받을 수 있는 코스 상 일부의 한 지점 혹은

㉡ 1벌타를 받고, 그 해저드 밖에 홀과 볼을 연결한 직후방의 지점이며, 그 거리에는 제한이 없다. 이에 부가하여 플레이어는 적용할 수 있으면 규칙 제26조 혹은 제28조에 의하여 처리할 수 있다.

③ 그린 위

볼이 그린 위에 있는 경우, 플레이어는 벌 없이 그 볼을 집어 올려서 그 상태에서 완전한 구제를 받을 수 있으며, 홀에 더 가깝지 않고 또 해저드 안이 아닌 곳으로 볼이 정지해 있었던 곳에서 가장 가까운

위치에 플레이스 하여야 한다. 본 로컬 룰의 (3)에 의하여 집어 올린 볼은 닦을 수 있다.
-예외 : 플레이어는 다음의 경우에 본 로컬 룰의 (3)에 의한 구제를 받을 수 없다.
㉠ 본 로컬 룰에 기재된 상태 이외의 다른 것에 의한 방해 때문에 그가 스트로크 하기에 분명히 무리가 있는 경우, 또는
㉡ 이러한 상태에 의한 방해가 다만 불필요하게 비정상적인 스탠스, 스윙 혹은 플레이 방향을 취할 때에만 생기는 경우
본 로컬 룰의 위반에 대한 벌은, 매치 플레이는 그 홀의 패.
스트로크 플레이는 2벌타.
-주 : 본 로컬 룰의 중대한 위반의 경우에, 위원회는 경기 실격의 벌을 과할 수 있다.

2항 어린 나무의 보호

어린 나무에 대한 손상을 방지하고자 할 경우 다음과 같은 로컬 룰을 권장한다.'____로 표시된 어린 나무의 보호.'
그러한 나무가 플레이어의 스탠스나 의도하는 스윙 구역을 방해할 경우, 벌 없이 볼을 집어 올려서 규칙 제24조 2항 2)(움직일 수 없는 장해물)에 규정된 처리 절차를 따라 드롭 하여야 한다. 볼이 워터 해저드 안에 있는 경우, 플레이어는 규칙 제24조 2항 2) (1)에 따라서 볼을 집어 올려 드롭 하여야 한다. 다만 이때에 가장 가까운 구제 지점은 워터 해저드 안에 있어야 하며, 볼은 반드시 워터 해저드 안에 드롭 하여야 한다. 혹은 규칙 제26조에 의하여 처리할 수도 있다. 이 때 집어 올린 볼은 닦을 수 있다.
-예외 : 플레이어는 다음의 경우 본 로컬 룰에 의한 구제를 받을 수 없다. ① 나무가 아닌 다른 것에 의한 방해 때문에 스토르크 하기에 분명히 무리가 있는 경우 ② 이러한 나무에 의한 방해가 다만 불필요한 비정상적인 스탠스, 스윙 혹은 플레이 방향을 취할 때에만 생기는 경우.
본 로컬 룰의 위반에 대한 벌은, 매치 플레이는 그 홀의 패.
스트로크 플레이는 2벌타.

3항 일시적인 조건 – 진흙, 극도의 습기, 불량한 상태 및 코스의 보호

1) 지면에 박힌 볼에 대한 구제 : 볼을 닦기

규칙 제25조 2항은 스루 더 그린의 잔디를 짧게 깎은 지역에서 볼 자체의 피치 마크 안에 박힌 볼에 대하여 벌 없이 구제 받는 것을 규정하고 있다. 그린 위에서는 볼을 집어 올릴 수 있으며, 볼의 충격으로 입은 손상은 수리할 수 있다(규칙 제16조 1항 2) 및 3)). 스루 더 그린에서 지면에 박힌 볼에 대하여 그 구제를 허용할 경우 다음과 같은 로컬 룰을 권장한다.
'스루 더 그린에서 모래 이외의 지면에 볼 자체가 만든 피치 마크 안에 박힌 볼은 벌 없이 집어 올려서 닦을 수 있으며, 볼이 있었던 지점에 될수록 가까우나 홀에 더 가깝지 않은 곳에 드롭할 수 있다. 드롭

할 때 볼은 스루 더 그린에 있는 코스의 일부에 먼저 떨어져야 한다.'
—예외 : 플레이어는 본 로컬 룰에 기재된 상태 이외의 다른 것에 의한 방해 때문에 스트로크 하기에 분명히 무리인 경우, 본 로컬 룰에 의한 구제를 받을 수 없다.

본 로컬 룰의 위반에 대한 벌은,

매치 플레이는 그 홀의 패.

스트로크 플레이는 2벌타.

그렇지 않으면 그 대안으로 볼을 집어 올려 닦고, 리플레이스 하도록 허용하는 조건이면 충분할 수도 있다. 이러한 상황에서는 다음과 같은 로컬 룰을 권장한다.

'(지역을 명시)에서 벌 없이 볼을 집어 올려 닦고, 리플레이스 할 수 있다.'
—주 : 본 로컬 룰에 의해 볼을 집어 올릴 때는 볼의 위치를 반드시 마크하여야 한다(규칙 제 20조 1항 참조).

본 로컬 룰의 위반에 대한 벌은,

매치 플레이는 그 홀의 패.

스트로크 플레이는 2벌타.

2) '프리퍼드 라이'와 '윈터 룰'

R&A는 '프리퍼드 라이'나 '윈터 룰'을 보증하지 않으며, 한결같이 골프 규칙을 준수하도록 권장한다. 수리지는 규칙 제25조에 규정되어 있으며, 공정한 플레이를 방해할 수도 있으나, 광범위하게 있는 것이 아니고, 수시로 발생하는 지역적으로 비정상적인 상태일 때 수리지로 정해져야 한다. 그러나 악조건들이 코스에서 전반적으로 나타나기 때문에 위원회는 '프리퍼드 라이'나 '윈터 룰'이 공정한 플레이를 향상시키고, 코스 보호에 도움이 된다고 생각하게 된다. 폭설, 봄철의 해빙, 장마 또는 혹서가 페어웨이를 불만족스럽게 만들고, 때로는 대형 잔디 깎는 장비 사용을 방해할 수 있다.

위원회가 '프리퍼드 라이'나 '윈터 룰'을 채택했을 경우 '윈터 룰'에 대한 규칙이 설정되어 있는 것이 없기 때문에 위원회는 이를 자세히 제시하고 해석하여야 한다. 상세한 로컬 룰 없이 다만 '오늘은 윈터 룰'이라고 게시문을 부착하는 것은 의미가 없는 일이다.

다음과 같은 로컬 룰은 문제가 된 상황에 적절한 것 같다. 그러나 R&A는 이에 대한 해석을 하지 않는다.
'스루 더 그린의 잔디를 짧게 깎은 지역에 있는 볼은 벌 없이 움직일 수 있거나, 집어 올려서 닦을 수 있으며, 그 볼이 최초에 놓여 있었던 곳에서(지역을 명시, 예를 들어 6인치, 1클럽 길이, 기타) 이내에 플레이스 할 수 있으나 홀에 더 가깝지 않으며, 해저드 안이나 퍼팅 그린 위가 아닌 곳이어야 한다. 플레이어는 그의 볼을 한번 움직이거나 플레이스 하고 나면 그 후에 그 볼은 인플레이의 볼이다.'

본 로컬 룰의 위반에 대한 벌은, 매치 플레이는 그 홀의 패.

스트로크 플레이는 2벌타.

위원회는 '프리퍼드 라이' 혹은 '윈터 룰'을 허용하는 로컬 룰을 채택하기 전에 다음과 같은 사실을 고려하여야 한다.
(1) 그러한 로컬 룰은 골프 규칙과 볼을 있는 그대로의 상태로 플레이 하라는 기본 원칙에 상충된다.
(2) '윈터 룰'은 어떤 경우 사실은 실제 효과가 정반대인데, 코스 보호를 가장하여 채택된다. 즉 그들은 상태가 아주 좋은 잔디 쪽으로 볼을 움직이도록 허용하여 그 곳에 디보트(divot)를 만들어 코스에 더 손상을 주게 된다.
(3) '프리퍼드 라이'나 '윈터 룰'은 일반적으로 스코어와 핸디캡을 낮추는 경향이 있다. 그러므로 골프 규칙에 의하여 작성된 핸디캡에 대한 스코어를 가진 플레이어와 가진 경기에서는 플레이어를 벌주게 되는 결과가 된다.
(4) '프리퍼드 라이'나 '윈터 룰'을 연장해서 사용하거나 무분별하게 사용하는 것은, 볼은 반드시 있는 그대로의 상태에서 플레이 하도록 되어 있는 코스에서 경쟁할 때에 불리하게 된다.

3) 에어레이션을 할 때 생긴 구멍

코스에서 에어레이션을 한 경우, 에어레이션을 할 때 생긴 구멍으로부터 벌 없이 구제 받는 것을 허용하는 로컬 룰이 승인될 수 있다. 다음과 같은 로컬 룰을 권장한다.
'스루 더 그린에서 볼이 에어레이션을 할 때 생긴 구멍 속이나 위에 정지할 경우, 그 볼은 벌 없이 집어 올려 닦을 수 있으며, 볼이 있었던 곳에 될수록 가까운 지점에 볼을 드롭 하여야 하나 그 지점은 홀에 더 가깝지 않아야 한다. 드롭 했을 때 스루 더 그린의 코스 상의 일부에 먼저 떨어져야 한다. 그린 위에서 플레이어는 그러한 상황을 피하여 홀에 더 가깝지 않은 가장 가까운 지점에 플레이스 하여야 한다.'
본 로컬 룰의 위반에 대한 벌은,
매치 플레이는 그 홀의 패.
스트로크 플레이는 2벌타.

4항 벙커 안의 돌

용어의 정의에 의하면 돌은 루스 임페디먼트이며, 플레이어의 볼이 해저드 안에 있는 경우 해저드 안에 있거나 해저드에 접촉하고 있는 돌은 접촉하거나 움직여서는 안 된다(규칙 제13조 4항). 그러나 벙커 안에 있는 돌은 플레이어에게 위험이 될 수 있으며(플레이어가 볼을 플레이하기 위하여 클럽으로 돌을 칠 때 다칠 수 있다), 정당한 경기를 방해할 수도 있다.
'벙커 안에 있는 돌은 움직일 수 있는 장해물이다(규칙 제24조 1항 적용).'

5항 고정된 스프링클러 헤드

규칙 제24조 2항은 움직일 수 없는 장해물에 의한 방해로부터 벌 없이 구제 받는 것을 규정하고 있다. 그러나 그린 위를 제외하고 플레이 선상에 개재(介在)하는 것 그 자체는 본 규칙에서 취급하는 방해가 아니라는 것도 역시 규정하고 있다. 그러나 어떤 코스에서는 그린의 에이프런에 있는 잔디를 너무 짧게 깎아 놓았기 때문에 플레이어들이 그린 밖에서 퍼팅하기를 원할 수도 있다. 이러한 상황에서는 에이프런에 있는 고정된 스프링클러 헤드는 정당한 경기를 방해할 수 있으며, 고정된 스프링클러 헤드에 의한 개재로부터 벌 없이 추가적으로 구제 받는 것을 규정한 다음과 같은 로컬 룰의 도입은 승인 될 수 있을 것이다.

'모든 고정된 스프링클러 헤드는 움직일 수 없는 장해물이며, 그것으로 인한 방해로부터의 구제는 규칙 제24조 2항에 의하여 받을 수 있다. 더욱이 볼이 그린 밖에 있으나 해저드 안이 아니며 그린 위나 그린에서 2클럽 길이 이내에 있는 장해물과 볼에서 2클럽 길이 이내에 있는 장해물이 볼과 홀 사이의 플레이 선상에 개재해 있는 경우 플레이어는 다음과 같이 구제를 받을 수 있다. 즉 볼을 집어 올려서 ① 홀에 더 가깝지 않고 ② 그러한 방해를 피하고 ③ 해저드 안이나 그린 위가 아닌 곳으로 볼이 정지해 있었던 가장 가까운 지점에 드롭 하여야 한다. 그렇게 집어 올린 볼은 닦을 수 있다.'

본 로컬 룰의 위반에 대한 벌은, 매치 플레이는 그 홀의 패.
스트로크 플레이는 2벌타.

6항 임시 장해물

코스 위나 코스에 인접해서 임시 장해물이 설치될 경우, 위원회는 그러한 장해물이 움직일 수 있는 장해물인가 움직일 수 없는 장해물인가 혹은 임시 장해물인가를 규정해야 한다.

1) 임시 움직일 수 없는 장해물

위원회가 그러한 장해물을 임시로 움직일 수 없는 장해물로 정할 경우 다음과 같은 로컬 룰을 권장한다.

(1) 정의

임시 움직일 수 없는 장해물이란 때때로 경기와 관련하여 세우게 되며, 고정되어 있거나 쉽게 움직일 수 없는 비영구적인 인공물체를 말한다. 임시 움직일 수 없는 장해물의 예로는 천막 스코어판, 관람석, TV녹화용 탑 및 화장실이 포함되나, 이것으로 한정되는 것은 아니다. 보조 당김 밧줄은 위원회가 그것을 고가 동력선이나 케이블로 선언하지 않는 한 임시 움직일 수 없는 장해물의 일부분이다.

(2) 방해

임시 움직일 수 없는 장해물에 의한 방해는 다음과 같은 경우에 생긴다.
① 볼이 장해물의 앞에 있고, 또 너무 가까이 있어서 그 장해물이 플레이어의 스탠스나 그의 의도하는 스윙 구역에 방해가 되는 경우
② 볼이 장해물 안이나 위,또는 뒤에 있기 때문에 장해물의 모든 부분이 플레이어의 볼과 홀 사이에 일직선으로 개재한 경우 : 또 볼이 그러한 방해가 있는 지점에서 1클럽 길이 이내에 있는 경우에도 역시 방해가 있는 것으로 한다.
-주 : 볼이 장해물 외부의 맨 끝 가장자리 밑에 있는 경우, 그 가장자리가 지면 밑으로는 연장되지 않을지라도 그 볼은 임시 움직일 수 없는 장해물 아래에 있는 것이다.

(3) 구제

플레이어는 임시 움직일 수 없는 장해물이 아웃 오브 바운드에 있는 경우를 포함하여 임시 움직일 수 없는 장해물로부터 다음과 같이 구제를 받을 수 있다.

① 스루 더 그린

볼이 스루 더 그린에 있는 경우, 볼이 놓여 있는 곳에 가장 가까운 코스상의 지점을 결정하여야 하는데, 그 지점은 ㉠ 홀에 더 가깝지 않고 ㉡ (2)항에서 정한 바와 같은 방해를 피하고 ㉢ 해저드 안이 아니고, 그린 위도 아닌 곳이어야 한다.

플레이어는 그 볼을 집어 올려서 그와 같이 결정한 지점으로부터 1클럽 길이 이내로 위의 ㉠, ㉡ 및 ㉢의 요건을 충족시킬 수 있는 코스상의 일부에 벌 없이 볼을 드롭 하여야 한다.

② 해저드 안

볼이 해저드 안에 있는 경우 플레이어는 그 볼을 집어 올려서 다음의 한 지점에 드롭하여야 한다.

㉠ 벌 없이 해저드 안에서 위에 (3) ①에 명시된 제한 사항의 범위 내에서 완전한 구제를 받을 수 있는 가장 가까운 코스 상 일부의 한 지점 혹은 완전 구제가 불가능할 경우에는 해저드 안에서 최대한 구제를 받을 수 있는 코스 상 일부의 한 지점.

㉡ 1벌타를 받고 그 해저드 밖의 다음과 같은 지점, 즉 볼이 놓여 있는 지점에서 가장 가까운 코스 상의 지점을 결정하여야 하는데, 그 지점은 ⓐ 홀에 더 가깝지 않고 ⓑ (2)에서 정한 바와 같은 방해를 피하고 ⓒ 해저드 안이 아닌 곳이어야 한다.

플레이어는 그 볼을 집어 올려서 그와 같이 결정한 위의 지점으로부터 1클럽 길이 이내로, 위의 ⓐ, ⓑ 및 ⓒ의 요건을 충족시킬 수 있는 곳에 드롭 하여야 한다.

(3)에 의하여 집어올린 볼은 닦을 수 있다.

-주1 : 본 로컬 룰은 볼이 해저드 안에 있는 경우, 적용할 수 있으면 플레이어가 규칙 제26조 혹은 제28조에 의하여 처리하는 것을 방해하지 않는다.

-주2 : 본 로컬 룰에 의하여 드롭한 볼을 곧 회수할 수 없는 경우, 다른 볼로 교체할 수 있다.

-주3 : 위원회는 ⓐ 임시 움직일 수 없는 장해물에서 구제를 받은 때, 드롭 구역이나 볼 드롭 지역의 사용을 허용 또는 요구하거나 ⓑ 추가적인 구제의 선택사항으로 플레이어가 (3)항에 의하여 설정한 지점에서 장해물 반대편에 드롭 하거나 그렇지 않으면 (3)항에 따라 드롭 하는 것을 허용하는 로컬 룰을 제정할 수 있다.

-예외 : 만일 플레이어의 볼이 임시 움직일 수 없는 장해물(장해물 안이나, 위나 아래가 아닌) 앞이나 뒤에 있을 때, 다음과 같은 경우에는 (3)항에 의한 구제를 받을 수 없다.

● 임시 움직일 수 없는 장해물이 아닌 다른 것에 의한 방해 때문에 플레이어가 스트로크 하는 것이 분명히 무리한 경우 혹은 홀을 향한 직선상으로 볼을 보내려고 스트로크 하는 것이 확실히 무리인 경우

● 임시 움직일 수 없는 장해물에 의한 방해가 불필요하게 비정상적인 스탠스, 스윙 혹은 플레이 방향을 취할 경우에만 생기는 경우 혹은

- 플레이어가 임시 움직일 수 없는 장해물에 도달하기 위하여 홀을 향해 충분히 멀리 볼을 치는 것을 기대하는 것이 분명히 무리인 경우
-주 : 이 예외사항들로 당연히 구제를 받을 수 없는 플레이어는 적용할 수 있는 경우, 규칙 제24조 2항에 의하여 처리할 수 있다.

(4) 분실구
볼이 임시 움직일 수 없는 장해물 안이나, 위에서 분실되었다는 합리적인 증거가 있는 경우, 적용할 수 있으면 그 볼을 (3) 혹은 (5)의 적용 목적상 볼은 그 장해물에 최후로 들어갔던 지점에 놓여 있는 것으로 간주되어야 한다(규칙 제24조 2항 3)

(5) 드롭 구역(볼 드롭 지역)
플레이어가 임시 움직일 수 없는 장해물로부터 방해를 받은 경우, 위원회는 드롭 구역이나 볼 드롭 지역의 사용을 허용하거나 요구할 수 있다. 만일 플레이어가 구제를 받을 때, 드롭 구역을 사용하면 그는 볼이 최초에 놓여 있었던 곳이나 (4)에 의하여 놓여 있었다고 간주한 곳의(가장 가까운 드롭 구역이 홀에 더 가까울지라도) 가장 가까운 드롭 구역 안에 볼을 드롭 하여야 한다.
-주1 : 위원회는 홀에 더 가까운 드롭 구역이나 볼 드롭 지역의 사용을 금지하는 로컬 룰을 제정할 수 있다.
-주2 : 볼이 드롭 구역에 드롭된 경우, 그 볼이 코스의 일부에 처음 떨어진 곳에서 2클럽 길이 이내에 가서 정지하거나 드롭 구역 경계 밖에 가서 정지할지라도 볼을 재 드롭해서는 안 된다.
본 로컬 룰의 위반에 대한 벌은, 매치 플레이는 그 홀의 패.
스트로크 플레이는 2벌타.

2) 임시 동력선과 케이블
임시 동력선, 케이블 또는 전화선이 코스 위에 가설된 경우 다음과 같은 로컬 룰을 권장한다.
(1) 이것들을 쉽게 움직일 수 있으면, 규칙 제24조 1항이 적용된다.
(2) 이것들이 고정되어 있거나 쉽게 움직일 수 없으면, 플레이어는 볼이 스루 더 그린에 있거나 벙커 안에 있는 경우, 규칙 제24조 2항 2)에 규정된 바와 같이 구제를 받을 수 있다. 볼이 워터 해저드 안에 있는 경우, 플레이어는 규칙 제24조 2항 2) (1)에 의하여 구제를 받을 수 있다. 다만 이때에 가장 가까운 구제 지점은 워터 해저드 안에 있어야 하며, 볼은 워터 해저드 안에 드롭 되어야 한다. 또는 규칙 제26조에 의하여 처리할 수 있다.
(3) 볼이 고가동력선이나 케이블에 가서 맞은 경우, 그 스트로크는 취소되어야 하며, 벌 없이 다시 플레이 하여야 한다(규칙 제20조 5항 참조).
볼이 곧 회수될 수 없는 경우 다른 볼로 교체할 수 있다.
-주 : 임시 움직일 수 없는 장해물을 받치기 위한 당김 밧줄은 로컬 룰에 의하여 위원회가 그것들을 고가동력선이나 케이블로 취급한다는 선언을 하지 않는 한 그것들은 임시 움직일 수 없는 장해물의

일부분이다.
- 예외 : 볼이 지상에서 올라가는 케이블의 고가 교차점 부분에 가서 맞은 경우, 다시 플레이 해서는 안 된다.
(4) 풀로 덮인 케이블의 도랑은 표시되지 않았을지라도 그것은 수리지이며, 규칙 제25조 1항 2)가 적용된다.

3) 경기 조건(Conditions of the Competition)

규칙 제33조 1항에 '위원회는 경기에 관한 조건들을 제정하여야 한다.'라고 규정되어 있다. 이러한 조건에는 참가방법, 참가자격, 플레이 할 라운드 수, 동점의 경우 순위의 결정 방법 등과 같이 골프 규칙이나 본 부속 규칙에서 취급하기에 적절하지 못한 많은 사항들이 포함되어야 한다. 이와 같은 조건들에 관한 상세한 자료는 규칙 제33조 1항에 의한 '골프 규칙 제정' 속에 수록되어 있다. 그리고 경기 조건에 수록될 수 있는 7가지 사항이 있는데, 그것은 특히 해당 규칙의 주에 의하여 항상 위원회의 주의를 끌고 있는 사항들이다. 그것은 다음과 같다.

(1) 볼의 규격(규칙 제5조 1항의 주)
다음의 2가지 조건은 숙련된 플레이어들의 경기에만 적용하도록 권장한다.
① 적격 골프 볼 리스트
R&A는 테스트를 받고 적격으로 판정된 볼을 열거한 적격 골프 볼 리스트를 주기적으로 발행한다. 위원회는 그 리스트에 등재된 상표의 골프 볼 사용을 요구하려고 할 경우 그 일람표를 게시하여야 하며, 다음과 같은 경기조건이 사용된다.
'플레이어가 사용하는 볼은 R&A에서 발행하는 현행 적격 골프 볼 리스트에 등재된 것이어야 한다. 본 조건의 위반에 대한 벌은 경기 실격.'
② 한 가지 볼을 사용하는 조건(One Ball Condition)
정규 라운드 중에 상표와 형이 다른 볼로 교체하는 것을 금지하려고 할 경우 다음과 같은 조건의 제정을 권장한다.
'라운드 중 사용하는 볼에 관한 제한 사항(규칙 제5조 1항의 주)'
㉠ 한 가지 볼을 사용하는 조건(원볼 조건)
정규 라운드 중에 플레이어가 사용하는 볼은 적격 골프 볼 리스트에 한 종류로 등재된 것과 같은 상표와 같은 형의 볼이어야 한다.
본 조건의 위반에 대한 벌은, 매치 플레이는 규칙위반이 발견된 홀을 끝마친 시점에 반칙이 있었던 각 홀에 1개 홀의 패를 과하여 매치의 상태를 조정하여야 한다. 다만, 패로 하는 홀수는 1라운드에 최고 2개 홀까지로 한다.
스트로크 플레이는 규칙위반이 있었던 각 홀에 2벌타를 과한다. 다만 벌타 수는 1라운드에 최고 4타까지로 한다.

ⓒ 위반을 발견했을 때의 처리 절차

플레이어는 그가 본 조건에 위반된 볼을 사용하고 있었던 것을 알게 된 경우, 다음 티잉 그라운드에서 플레이 하기 전에 그 볼을 포기하고, 조건에 적합한 볼을 사용하여 그 라운드를 끝마쳐야 한다. 그렇지 않을 경우 플레이어는 경기 실격이 된다. 그러한 위반이 한 홀의 플레이 도중에 발견되어 플레이어가 그 홀을 끝마치기 전에 조건에 적합한 볼로 교체하기로 선택한 경우, 플레이어는 조건을 위반하여 사용해 온 볼이 정지해 있었던 지점에 적합한 볼을 플레이스 하여야 한다.

(2) 출발시간(규칙 제6조 3항의 1)의 주)

위원회가 주에 따라서 조치를 취하고자 할 경우, 다음과 같은 문구를 권장한다.

'규칙 제33조에 7항에 규정된 바와 같은 경기 실격의 벌을 면제해 줄만한 정당한 사유가 없는 상황이지만, 플레이어가 자기의 출발 시간 후 5분 이내에 플레이 할 준비를 마치고, 출발 지점에 도착하면 이에 대한 지각의 벌은 매치 플레이에서는 플레이 할 1번 홀의 해, 스트로크 플레이에서는 2벌타이다. 5분이 넘는 지각에 대한 벌은 경기 실격이다.'

(3) 플레이 속도

위원회는 규칙 제6조 7항의 주에 따라 지연 플레이를 예방하기 위하여 플레이 진행 속도에 대한 지침을 제정할 수 있다.

(4) 위험한 상황으로 인한 플레이의 일시 중지(규칙 제6조 8항 2)의 주)

골프 코스에서 낙뢰로 인해 많은 사상자가 발생해 왔기 때문에, 골프 경기를 주관하는 모든 클럽과 스폰서들은 낙뢰로부터 사람을 보호하기 위하여 특별한 주의를 요한다. 그 대처방법에 대해서는 규칙 제6조 8항과 제33조 제2항 4)를 참조한다. 위원회가 규칙 제6조 8항 2)의 주에 따라서 조치를 취하고자 할 경우 다음과 같은 문구를 권장한다.

'위험한 상황 때문에 위원회의 지시로 플레이가 일시 중지되었을 때, 매치 또는 조의 플레이어들이 홀과 홀 사이에서 플레이 중에 있는 경우, 플레이어들은 위원회가 플레이의 재개를 지시할 때까지 플레이를 재개해서는 안 된다. 또 만일 그들이 1개 홀을 플레이 도중일 때에도 즉시 플레이를 중단하여야 하며, 그 후에는 위원회가 플레이의 재개를 지시할 때까지 플레이를 재개해서는 안 된다. 플레이어가 즉시 플레이를 중단하지 않았을 경우, 규칙 제33조 7항에 규정된 바와 같이 그 벌을 면제해 줄 만한 정당한 상황이 아닌 한 그는 경기 실격이 된다. 위험한 상황으로 인한 플레이의 일시 중지를 위한 신호는 사이렌이 길게 울리는 소리로 할 것이다.'

다음 신호는 일반적으로 사용되는 신호이며, 모든 위원회도 이와 유사하게 할 것을 권장한다.

- 즉시 플레이의 중단 : 사이렌 한 번 길게 울리는 소리
- 플레이의 일시 중지 : 사이렌이 3번 연속 울리는 소리를 반복
- 플레이의 재개 : 사이렌이 2번 짧게 울리는 소리를 반복

(5) 연속

① 통칙

위원회는 규칙 제7조 1항의 주, 제7조 2항의 예외 (3) 및 제33조 2항 3)에 따라서 연습에 관한 규정을 제정할 수 있다.

② 홀과 홀 사이의 연습(규칙 제7조의 주2)

방금 끝난 홀의 퍼팅 그린 위에서나 그 근처에서 연습 퍼팅이나 연습 칩핑을 금지하는 경기 조건은 스트로크 플레이에만 도입할 것을 권장한다. 다음과 같은 문구를 권장한다.

'플레이어는 방금 끝난 홀의 퍼팅 그린 위에서나 그 근처에서 어떤 연습 스트로크도 해서는 안 된다. 만일, 방금 끝난 홀의 그린 위에서나 그 근처에서 연습 스트로크를 하면 그 플레이어는 다음 홀에서 2벌타를 받게 된다. 다만 그 라운드가 최후의 홀인 경우에는 그 홀에서 벌을 받게 된다.'

(6) 팀 경기에서의 어드바이스

위원회가 규칙 제8조의 주에 따라서 조치를 취하고자 할 경우 다음과 같은 문구를 권장한다.

'골프 규칙 제8조의 주에 따라서 각 팀은 그 팀 요원에게 어드바이스(동 규칙에 의하여 어드바이스를 구할 수 있는 사람 이외에)를 줄 수 있는 한 사람을 임명할 수 있다. 다만 그와 같은 사람(임명될 사람에 대한 어떤 제한 사항을 삽입하고자 할 경우 그러한 제한 사항을 여기에 삽입한다.)은 어드바이스를 주기 전에 위원회의 확인을 받아야 한다.'

(7) 새로운 홀

위원회는 규칙 제33조 2항 2)의 주에 따라서 2일 이상 열리는 단일 라운드 경기의 홀과 티의 위치를 날마다 다르게 설치할 수 있다는 것을 규정할 수 있다.

(8) 기타의 경기 조건들

① 이동 수단

경기에서 선수들이 걸어서 플레이하는 것이 요구되는 경우 다음과 같은 조건을 권장한다. '플레이어는 정규 라운드를 하는 전 구간을 걸어서 가야 한다.'

본 조건의 위반에 대한 벌은,

매치 플레이는 규칙위반이 발견된 홀을 끝마친 시점에 규칙위반이 있었던 각 홀에 1개 홀의 패를 과하여 매치의 상태를 조정하여야 한다. 다만 패로 하는 홀 수는 1라운드에 최고 2개 홀까지로 한다.

스트로크 플레이는 규칙위반이 있었던 각 홀에 2벌타를 과한다. 다만 벌타 수는 1라운드에 최고 4타까지로 한다. 규칙위반이 2홀 사이에서 있었다면 그 벌을 다음 홀에 적용한다.

매치 혹은 스트로크 플레이는 인가되지 않는 형태의 모든 수송 수단의 사용은 규칙위반이 발견된 즉시 그 사용을 중단하여야 한다. 그렇지 않을 경우 플레이어는 경기 실격이 된다.

② 동점의 결정 방법

규칙 제33조 6항은 합의가 된 매치 혹은 스트로크 플레이의 타이를 어떻게 그리고 언제 결정해야 하는가에 대한 권한을 위원회에 부여하였다. 이 결정은 사전에 공표되어야 한다. 그리고 R&A는 다음과 같이 권장한다.

㉠ 매치 플레이

올 스퀘어로 끝난 매치는 한 사이드가 한 홀을 이길 때까지 한 홀씩 연장하여 플레이 하여야 한다. 그 플레이 오프(Play off)는 매치를 시작한 홀에서 출발하여야 한다. 핸디캡 적용 매치에서 핸디캡 스트로크는 이미 정해진 라운드에서와 똑같이 받아야 한다.

ⓒ 스트로크 플레이

- 스크래치 스트로크 플레이 경기에서 동점의 경우 플레이 오프를 권장한다. 그러한 플레이 오프는 위원회가 명시한 바에 따라 18홀 이상 혹은 그 이하의 홀이 될 수도 있다. 그것이 불가능하거나 아직도 동점인 경우 한 홀씩 플레이 오프를 행하도록 권장한다.
- 핸디캡 적용 스트로크 플레이에서 타이의 경우, 핸디캡 적용 플레이 오프를 행하도록 권장한다. 이러한 플레이 오프는 위원회가 명시한 바에 따라 18홀 이상 혹은 그 이하의 홀이 될 수도 있다. 플레이 오프가 18홀보다 더 적은 경우 플레이어들의 플레이 오프 핸디캡을 결정하기 위하여 플레이 할 홀수의 18홀에 대한 비율을 각 플레이어들의 핸디캡에 적용하여야 한다. 핸디캡이 1/2타 이상은 1타로 카운트하고 그 이하의 분수는 무시되어야 한다.
- 스트래치 혹은 핸디캡 적용 스트로크 플레이 경기의 어느 쪽이든, 어떤 형태의 플레이 오프도 할 수 없는 경우에는 매칭 스코어 카드방식을 추천한다. 이 매칭 카드방식은 사전에 고지되어야 한다. 그리고 수용할 수 있는 이 매칭 카드방식은 최종 9홀 스코어에서 가장 좋은 스코어를 근거로 하여 우승자를 결정하는 방법이다. 그런데 타이가 된 플레이어들이 최종 9홀에서도 동일한 스코어를 낸 경우에는 최종 6홀에서, 그 다음에는 최종 3홀에서, 그리고 최종적으로는 18번 홀에서 낸 스코어를 근거로 하여 우승자를 결정한다. 만일 이와 같은 방법이 핸디캡 적용 스트로크 플레이 경기에 사용된다면, 플레이어 핸디캡의 1/2, 1/3, 1/6 등이 각각 공제되어야 한다. 이때 소수점 이하가 무시되어서는 안 된다. 다수의 티에서 출발하는 경기에 이 방법이 사용될 경우 '최종 9홀, 최종 6홀 등'은 10-18번 홀, 13-18번 홀 등으로 간주할 것을 권장한다.
- 경기 조건에, 타이가 되었을 때 최종 9홀, 최종 6홀, 최종 3홀 그리고 최종 홀 순으로 낸 스코어를 근거로 하여 승자를 결정한다는 것이 규정되어 있는 경우에는 이러한 결정 절차로도 우승자를 배출하지 못할 경우에 대비한 조치도 역시 규정해 놓아야 한다.

③ 매치 플레이를 위한 조 편성

매치 플레이를 위한 조 편성은 완전한 제비뽑기 추첨이나 다른 1/4 편성방법, 1/8 편성 방법으로 배치될 수 있으며, 매치가 예선에 의하여 결정될 경우, 일반 숫자 추첨 방식을 권장한다.

④ 일반 숫자 추첨

조 편성에 있어서 플레이어의 위치 결정 목적 상, 최종 예선 순위를 위한 라운드가 아닌 예선에서의 동점은 스코어를 제출한 순위에 따라서 결정되어야 하며, 첫 번째로 스코어를 제출한 사람이 가장 낮은 번호를 받게 된다. 만일 스코어를 제출한 순위로도 결정할 수 없을 때에는 제비뽑기에 의하여 결정되어야 한다.

제5장 부 칙 II

제4조 및 제5조와 부칙 II 및 부칙 III에 포함되어 있지 않거나, 또는 게임의 본질을 현저하게 변경하는 결과를 초래할 수 있는 클럽 또는 볼의 모든 디자인에 관하여는 R&A 및 USGA가 정한 규격에 의거하여 규제된다.

부칙 II 및 부칙 III에 나와 있는 치수는 영국 표준 도량형으로 표시되어 참조하게 된다. 미터법으로 환산된 치수도 역시 참고용으로 표시되어 참조하게 되며, 이때 1인치=25.4밀리미터(mm)의 환산률을 이용하여 계산한다. 클럽이나 볼의 적합성에 관한 분쟁이 야기될 경우, 영국 표준 도량형에 의한 치수가 우선한다.

제1조 클럽의 디자인(Design of Clubs)

클럽의 적합성에 관하여 의문이 있는 플레이어는 대한골프협회에 문의하여야 한다. 제조업자는 제조하고자 하는 클럽이 규칙에 적합한지 아닌지의 여부에 관한 재정을 구하기 위하여 그 클럽의 견본을 대한골프협회에 제출하여야 한다. 대한골프협회는 필요하다고 판단될 경우, 그 클럽의 견본을 R&A에 보내서 이에 대한 재정을 받을 수 있다.

만일 제조업자가 클럽을 제조하거나 판매하기 전에 견본을 제출하지 않을 경우, 그 제조업자는 클럽이 골프 규칙에 부적합하다는 재정을 받을 위험을 지게 된다. 대한골프협회에 제출된 견본은 대조용으로 대한골프협회의 소유물이 된다.

다음 항목은 그 규격 및 해석과 함께 클럽 설계에 관한 일반적인 규정을 정한 것이다. 어떤 클럽이나 그 일부분이 어떤 특성을 갖도록 요구되었다는 의미는 그러한 특성을 갖도록 의도적으로 설계, 제조되어야 한다는 것이다. 완성된 클럽이나 그 일부분은 사용된 소재에 적합한 생산허용 오차 범위 내에서 그러한 특성을 나타내어야 한다.

1항 클럽

1) 통칙

클럽은 볼을 치기 위하여 설계된 용구이며, 일반적으로 우드, 아이언 및 그 모양과 사용 목적에 의하여 구분된 퍼터의 3가지 형태로 되어 있다. 퍼터는 주로 그린 위에서 사용하기 위하여 설계된 로프트가 10도 이하인 클럽이다. 클럽은 본질적으로 전통과 관습에서 벗어난 형태와 구조여서는 안 된다. 클럽은 한 자루의 샤프트와 한 개의 헤드로 구성되어 있어야 한다. 클럽의 모든 부분은 클럽이 단일체가 되도록 고정되어 있어야 하며, 규칙에서 따로 허용된 경우를 제외하고 어떤 외부 부착물도 부착되어서는 안 된다.

2) 조절성

우드와 아이언은 그 무게를 제외하고 조절할 수 있도록 설계되어서는 안 된다. 퍼터는 그 무게를 조절할 수 있도록 설계될 수 있으며, 다소 다른 형태의 조절성도 역시 허용된다. 규칙에서 허용된 모든 조절 방법은 다음 사항을 만족시켜야 한다.
(1) 그 조절성이 쉽게 될 수 있는 것이 아닐 때
(2) 조절할 수 있는 부분들이 모두 견고히 부착되어 있고, 라운드 중 느슨해질 수 없게 되어 있을 때
(3) 조절성의 구조가 규칙에 적합한 때
정규의 라운드(규칙 제4조 2항) 도중 퍼터를 포함한 모든 클럽 중에 어느 것이든 의도적으로 그 클럽의 특성을 변조할 경우 실격의 벌이 주어진다.

3) 길이

클럽의 전체 길이는 그립의 맨 윗부분에 샤프트 축을 따라 또는 그 직선을 연장하여 클럽의 솔까지 457.2mm(18inch) 이상이어야 한다.

4) 정렬

클럽으로 정상적인 어드레스 위치를 취했을 때 샤프트는 다음과 같이 정렬되어야 한다.
(1) 샤프트의 직선부분 연장선이 토우와 힐을 연결하는 선에 수직으로부터 최소 10°이상 벗어나 있어야 한다.
(2) 샤프트의 직선부분 연장선이 플레이 선의 수직으로부터 20°이상 벗어나면 안 된다.
퍼터를 제외하고 모든 클럽의 힐 부분은 샤프트의 직선 축과 플레이션(수평)을 포함하는 면의 15.88mm(0.625inch) 이내에 들어 있어야 한다.

2항 샤프트

1) 직선

샤프트는 그립의 맨 윗부분에서부터 그 샤프트의 축선과 네크 또는 소켓을 따라 측정한 그 솔 위쪽으로 127mm(5inch)를 초과하지 않는 점까지 직선이어야 한다.

2) 굽히기와 꼬임의 특성

샤프트는 그 길이에 따라서 어느 부분이나 다음과 같이 디자인하여 만들어진 것이어야 한다.
(1) 샤프트는 그 종축에 따라서 어떻게 반복하여 굽혀도 그 휨이 균등하게 굽혀져야 한다.

(2) 샤프트는 양방향에 동등한 각도로 꼬이는 특성을 갖는 것이어야 한다.

3) 클럽 헤드의 부속물
샤프트는 힐에 직접 부착되거나, 네크 또는 소켓을 통하여 클럽 헤드에 부착하여야 한다. 네크 또는 소켓의 맨 윗부분에서 클럽 솔까지의 길이는 축을 따라 굴곡 부위를 지나 재어서 127mm(5inch)를 초과해서는 안 된다.
- 퍼터는 예외 : 퍼터의 샤프트 및 네크 및 소켓은 헤드의 어느 부분에 부착하여도 무방하다.

3항 그립

그립은 플레이어가 꼭 쥘 수 있도록 하기 위하여 샤프트에 부착된 재료로 되어 있다. 그립은 똑바르고 그 형태가 단순해야 하며, 샤프트의 끝까지 연장되어 있어야 하고, 손의 어느 부분도 본을 떠서 부착되어서는 안 된다. 재료가 부착되어 있지 않더라도 플레이어가 잡도록 설계된 샤프트 부분은 그립으로 간주되어야 한다.

(1) 퍼터 이외의 클럽의 그립은 절이 없고, 곧바르고, 그 그립의 길이에 따라서 약간 덧붙인 그립을 제외하고 그 횡단면은 거의 원형이어야 한다. 감은 그립이나 그 유사제품에 있어 약간 오목한 줄모양의 나선형을 허용한다.

(2) 퍼터의 그립은 횡단면이 안쪽에 오목한 곳이 없고 좌우대칭이며, 그립의 길이 전체에 걸쳐서 유사한 형태로 있는 한 그 횡단면은 원형이 아니라도 무방하다.

(3) 그립은 선단으로 가면서 가늘게 할 수는 있지만, 그 사이를 불룩하게 하거나 조임을 가할 수 없다. 그립의 횡단면 규격은 어느 방향으로나 44.45mm(1.75inch)를 초과해서는 안 된다.

(4) 그립의 축선은 퍼터를 제외하고 샤프트의 축선과 일치되어야 한다.

(5) 퍼터는 그립의 단면이 원형이고, 그 축선이 샤프트의 축선과 일치하며, 최소한 38.1mm(1.5inch) 떨어져 있으면 2개의 그립을 결합해도 된다.

4항 클럽 헤드

1) 단순한 형상
클럽 헤드의 형상은 대개 단순한 것이어야 한다. 또한 모든 부분은 견고한 것이고, 헤드의 실질적인 구성부분으로 기능적이어야 한다. 형태상의 단순함을 정밀하게 또한 포괄적으로 정의하는 것은 어렵지만, 본 요구조건에 위반되어 허용할 수 없는 형태로는 규격에 맞추기 위해, 또는 조준 기타 목적으로 만든 다음 것들이 포함된다.

(1) 헤드를 통과하는 구멍

(2) 장식 또는 구조상의 목적과는 별도로 부착된 투명한 물질
(3) 헤드의 본체에 부착된 마디, 판, 봉, 지느러미 등 부속물
단, 퍼터에 대하여는 약간의 예외가 인정된다. 솔의 모든 고랑 형상의 홈 또는 런너(미끄럼판)의 부분이 타면까지 연장되어서는 안 된다.

2) 규격
클럽 헤드의 규격은 통상의 어드레스 위치에서 솔 할 때 ① 힐과 토우, ② 페이스와 백 사이의 가장 바깥쪽을 수직으로 연장한 길이를 수평으로 측정한다. 힐의 가장 바깥쪽 지점이 불분명할 때는 클럽의 정상적인 어드레스 위치에서 수평면이 수직으로 16㎜(0.625inch) 지점으로 간주한다.

3) 타면
클럽 헤드는 타면이 1면뿐이어야 한다. 다만 커터에 한하여 양면의 성능이 동일하고 대칭이면 2면이어도 된다.

5항 클럽의 타면

1) 통칙
클럽 타면이나 클럽 헤드의 재료와 구조 또는 클럽 헤드를 다루는 어떤 방법도 임팩트 시 스프링 효과를 갖게 하거나 표준 철제타면이 만드는 것보다 임팩트에서 훨씬 많은 스핀을 내게 하거나 기타 볼의 이동에 과도하게 영향을 미칠만한 작용을 하여서는 안 된다(R&A 내규에 의한 테스트).
클럽 타면은 단단하고 견고하여야 하며(퍼터에는 예외가 인정된다), 아래에 기록된 마킹을 제외하고는 매끄러워야 하고 조금도 오목한 곳이 있어서는 안 된다.

2) 임팩트면의 거칠음과 재료
아래에 기술한 마킹을 제외하고, 임팩트면의 표면 거칠음은 분사기(모래뿜이) 정도의 장식, 또는 섬세한 밀링(플레이즈 깎기) 정도 이상을 초과해서는 안 된다. 임팩트면은 단일재료이어야 한다. 단, 나무로 만든 클럽은 예외이다. 임팩트 부분 전체는 동일한 재료로 되어 있어야 한다.

3) '임팩트면'의 마킹
임팩트면의 마킹에는 손가락 시험으로도 측정되는 날카로운 엣지나 솟아오른 가장자리 등이 없어야 한다. 임팩트면의 홈과 펀치 마크는 다음 규격에 적합해야 한다.
(1) 홈
상부가 넓게 좌우동형의 단면을 가진 여러 개의 직선 홈을 붙일 수 있으나, 홈의 폭과 횡단면은 클럽

페이스 전면 혹은 홈의 길이 전체에 걸쳐 일정한 것이어야 한다. 홈의 가장자리 둘레부분은 반경 0.508㎜(0.020inch) 이내이어야 한다. 또한 홈의 폭은 R&A의 내규(30도 측정법)에 의거하여 측정, 0.9㎜(0.035inch) 이내이어야 한다. 또한 인접한 홈 가장자리와 가장자리의 간격은 홈 폭의 3배 이상으로, 1.905㎜(0.075inch) 이상이어야 한다. 홈의 깊이는 0.508㎜(0.020inch) 이내이어야 한다.

(2) 펀치 마크

펀치 마크도 채택할 수 있다. 하나의 펀치 마크 넓이는 2.84평방 밀리미터를 초과하여서는 안 된다. 마크와 마크의 간격은 그 중심에서 다음 중심까지 재서 4.27㎜(0.168inch) 이상이어야 한다. 펀치 마크의 깊이는 1.02㎜(0.04inch)를 초과해서는 안 된다. 만일 펀치 마크를 홈과 병용하여 채택하는 경우, 펀치 마크는 각각의 중심에서 중심까지를 재서 4.27㎜(0.168inch)이상이어야 한다.

4) 장식적인 마킹

임팩트 에어리어의 중심을 가리키기 위하여 각변 9.53㎜(0.375inch)의 정방형 범위 내에 디자인된 것을 1개 설정할 수 있다. 이러한 디자인은 볼의 움직임에 부당한 영향을 미치게 하는 것이어서는 안 된다. 장식 마킹은 임팩트면의 바깥쪽으로도 허용된다.

5) 비금속 클럽의 타면의 마킹

상기 규격은 타면의 임팩트면이 금속 또는 그와 유사한 경도의 소재로 된 클럽에만 적용된다. 로프트 각도가 24°이거나 그 이하인 경우의 클럽과 다른 소재로 타면이 만들어진 클럽에는 적용되지 않지만, 볼의 움직임에 과도하게 영향을 미칠만한 마킹은 금지되어 있다. 이런 종류의 타면과 로프트 각도가 24°를 초과하는 클럽은 홈폭의 최대 넓이가 1.02㎜(0.040inch), 최고 깊이는 홈폭의 1.5배까지로 한다. 단, 그 마킹은 상기 규격기준에 적합한 것이어야 한다.

6) 퍼터의 타면마킹

클럽 타면마킹과 표면의 거칠음, 재료에 관한 상기 규격들은 퍼터의 경우에는 적용되지 않는다.

_골프 컨디셔닝

2011. 02. 28 초판 1쇄 발행

엮은이 | 신준수, 백선경, 오은택, 이상욱, 박형섭

발행인 | 김중영

발행처 | 오성출판사

주소 | 서울시 영등포구 영등포동 6가 147-7

전화 | 02.2635.5667~8

팩스 | 02.835.5550

출판등록 | 1973년 03월 02일 제13-27호

ISBN | 978-89-7336-766-5

디자인 | 커뮤니케이션 디오 (02.332.9196)

가격 | 18,000원

파본은 교환해 드립니다
독창적인 내용의 무단전재, 복제를 절대 금합니다.